现代经济转型与升级路径

宋秀娟 刘益宏 吕丹丹◎著

吉林出版集团股份有限公司
全国百佳图书出版单位

图书在版编目（CIP）数据

现代经济转型与升级路径 / 宋秀娟，刘益宏，吕丹
丹著. -- 长春：吉林出版集团股份有限公司，2023.5
　ISBN　978-7-5731-3330-4

　Ⅰ.①现… Ⅱ.①宋… ②刘… ③吕… Ⅲ.①中国经
济—转型经济—研究 Ⅳ.①F123.9

中国国家版本馆CIP数据核字(2023)第115273号

现代经济转型与升级路径

XIANDAI JINGJI ZHUANXING YU SHENGJI LUJING

著　　者　宋秀娟　刘益宏　吕丹丹
出 版 人　吴　强
责任编辑　蔡宏浩
助理编辑　崔雅轩
开　　本　787 mm × 1092 mm　1/16
印　　张　8.25
字　　数　184千字
版　　次　2023年5月第1版
印　　次　2023年9月第1次印刷

出　　版　吉林出版集团股份有限公司
发　　行　吉林音像出版社有限责任公司
　　　　　（吉林省长春市南关区福祉大路5788号）
电　　话　0431-81629679
印　　刷　吉林省信诚印刷有限公司

ISBN 978-7-5731-3330-4　　定　价　50.00元

PREFACE

前　言

　　伴随信息时代的到来，当前出现一种发展特别快速的产业，其整个研发过程需要以人力资本为主，并且整个研发的周期较短，投资回报快。例如互联网信息技术中的移动通信和手机技术。而这个研发周期短，并要以人力资本投资为主的弯道超车型产业，我国可以弯道超车和其站在同一起跑线上。国外一些比较先进的技术不容易投入到生产之中，我们可以到国外将这些新概念、新技术招商引资到中国予以充分重视和应用。此外也要考虑到中国拥有巨大的国际市场，这在一定程度上促使我国和其他国家站在同一水平高度来进行竞争。加大投资力度和抓住机遇，做好中国经济的转型和升级，要牢牢把握下面三种方法：第一，要不断并购国际发达国家拥有先进技术的企业；第二，要鼓励在国外先进国家建设成立研发中心；第三，要进行大手笔的招商引资，主要招商不但可以将资金生产引入到我国，也可以将技术和管理引入到国内，进而提高我国工人和管理人员的水平。我国在国际上领先的产业也比较多，例如家电产业已经处于该行业中最为先进的。而这些行业必须要进行产业升级，要不断地研发行的产品和技术，保持自己的优势。在升级过程中要注意自主研发，主要就是研究和开发新的技术和新的理论。其中需要注意基础研究，因为其属于公共知识，所以要求国家在基础研究上要不断增加投入，促进我国领先型产业不断保持领先。

基于此，本书从现代经济发展的基本理论入手，针对现代经济转型的理论发展、现代经济转型的技术与对外贸易及市场经济的转型与升级进行了分析研究；另外对农业经济的升级做了一定的介绍；还对"制造业经济"到"服务型经济"的转型及制造企业经济的升级做了简要分析；旨在摸索出一条适合现代经济转型与升级工作的科学道路，帮助其工作者在应用中少走弯路，运用科学方法，提高效率。

在本书的撰写过程中，参阅、借鉴和引用了国内外许多同行的观点和成果，在此一并感谢。另外，受水平和时间所限，书中难免有疏漏和不当之处，敬请读者批评指正。

目　录

第一章 现代经济发展的基本理论

第一节 发展中国家的差异性与共同特征

一、发展中国家及相关概念

发展中国家这一名称，是 20 世纪 60 年代以后在国际上流行起来的，它也经历了历史的演变。20 世纪 50 年代后，世界政治格局出现了一次大变革，形成了两个强大而又相互对抗的政治联盟——以美国为首的北大西洋公约组织和以苏联为首的华沙条约组织。北大西洋公约组织成员国（西方国家）被称为第一世界国家，华沙条约组织成员国（东方国家）被称为第二世界国家，其余不属于这两个组织的国家统称为第三世界国家。20 世纪 60 年代以后，多数国家开始意识到，只要坚持不懈地努力，实现经济起飞和经济发展，彻底摆脱不发达状态就是完全可能的。因此，在 1964 年联合国第一届贸易和发展会议前后，在广大发展中国家的共同努力下，发展中国家这一概念成为联合国组织文件和发展文献中的一个正式术语。

二、发展中国家的分类

为数众多的发展中国家，比起发达的工业化国家，呈现出更大的多样性，在历史传统、国土大小、人口规模、自然资源禀赋、社会经济制度、政治经济结构和社会发展水平等诸方面，存在着鲜明的差异。

从地理分布看，发展中国家由六部分组成：1. 东亚和太平洋，包括中国和泰国在内的亚洲东部、东南部以及太平洋东部沿岸的所有低、中收入国家；2. 欧洲和中亚，包括塞浦路斯、希腊、匈牙利、波兰、罗马尼亚等欧洲国家，以及中亚国家和阿富汗；3. 拉丁美洲和加勒比地区；4. 中东和北非；5. 南亚，包括孟加拉国、不丹、缅甸、印度、尼泊尔、巴基斯坦和斯里兰卡；6. 撒哈拉以南非洲，南非除外。

从发展中国家按照收入水平的分类看，同时考虑其他一些因素，主要的分类有以下四种：

第一种分类是根据联合国分类系统做出的。它把第三世界划分成三个组：赤贫国家（联合国称之为第四世界）、发展中国家、石油输出国组织（OPEC）成员国。

第二种分类是由经济合作与发展组织（OECD）所设计的分类体系。它将发展中国家（包括那些不属于联合国系统的国家和地区）划分为四类：低收入国家（1993年人均年收入低于650美元的国家）、中等收入国家、新兴工业化国家、石油输出国组织成员国。

第三种分类是由世界银行所做出的。按照分类标准和Atlas方法计算分为：低收入经济体低于1005美元、下中等收入经济体（人均GNI 1006美元～3955美元）共有53个，上中等收入、高收入经济体共有78个。前3类国家（地区）包括了发展中国家的大多数。最后一类高收入国家或地区中也有发展中国家或地区。

第四种也是最新的一种分类，则是由联合国开发计划署（UNDP）做出的。其划分标准是"人类发展"指标，包括人均实际收入以及诸如出生时预期寿命和受教育程度等非经济变量。根据人类发展的状况，所有国家被划分成四个等级——极高人类发展程度、高人类发展程度、中等发展程度和低发展程度。

三、发展中国家的共同特征

尽管发展中国家及其分类表现多种多样，但它们中的绝大多数都在不同程度上面临着共同的问题，具有共同的社会经济特征。

第一，生活水平低下。发展中国家绝大多数人口的一般生活水平非常低下，这不仅表现在人均收入低和严重的贫困现象，还表现在大多数人住房短缺、卫生保健水平差、受教育程度有限或没有受过教育、预期寿命和预期工作年限低等问题。总之，在许多发展中国家人民生活极其艰难，短期内也难以改善。

第二，生产水平低下。引起发展中国家生产率低下的原因，可归结为如下几点：1. 物质资本积累与人力资本投入不足；2. 缺乏合格的管理人才；3. 缺乏适宜的社会经济体制和管理制度；4. 劳动者缺乏进取心和创新精神。此外，低下的生活水平与低下的生产率之间相互作用、不断强化，从而使发展中国家经济长期陷于不发达状态而难以自拔。

第三，人口增长率高和赡养负担沉重。发展中国家的出生率通常很高，处于 30‰～40‰ 的水平，而发达国家还不及这个数字的一半。在许多发展中国家，15 岁以下的儿童几乎占到人口总量的 40%，发达国家的这一比例不到 21%；与之相反的是，65 岁以上老年人口占全部人口的比重在发达国家超过 10%，而在发展中国家则要低一半，但总赡养负担（包括抚养儿童和赡养老人）在发展中国家大约为总人口的 45%，而在发达国家仅占总人口的 1/3。

第四，城乡发展极不平衡，失业和就业不足问题日益严重。主要表现为以下几点：1. 人口的城乡分布极不均衡，城市化比率低。在发展中国家，生活在城市的总人口占全国总人口的比例为 30%～40%，而发达国家的这一比例通常在 60% 以上。2. 城市人口由于使用相对较高的技术，他们的产出在总产出中占有很大份额，因而城乡经济严重分化，呈现二元状态。3. 城市地区公开失业水平高。据估计，发展中国家城市劳动力中，公开失业率为 10%～15%，其中 15～24 岁青少年的公开失业率高达 30%。4. 就业不足或隐蔽性失业现象日益剧增。

第五，严重依赖农业生产和初级产品出口。发展中国家的绝大多数人口生活在农村地区，很多劳动力从事农业生产。由于农业农村部门规模巨大、生产效率低，整个经济呈现出二元经济结构。在对外经济贸易方面，由于制造业不发达，大多数发展中国家在发展初期主要依赖初级产品（如农产品和矿产品）出口创汇，常常处于不利地位。

第六，市场不发育与市场体系极不健全。在许多发展中国家，与市场相关的许多法律制度的基础不健全，存在极其薄弱。

第七，在国际关系中处于受支配、依附和脆弱的地位。由于发达国家占有控制国际贸易格局的支配地位，拥有决定以什么条件向发展中国家转移技术、进行外援和私人资本投资的专断权力，与发展中国家之间的关系显然是不平等的。在相互交往中，发达国家习惯于以主人或强者的身份自居。即使发达国家打算以平等的身份对待发展中国家，但由于种种原因和经济上优劣之势甚为明显，发展中国家总是难免吃亏时多、获利时少。

第二节 以人为本与可持续发展目标

一、经济增长与经济发展

经济增长是指社会财富总量的增加，一般用实际的国民生产总值或国内生产总值的增长率来表示。经济发展，既有量的内容，也有质的规定。二十世纪五六十年代，许多发展中国家仅仅注意到发展的数量问题，即经济总量的扩大和人均收入的提高，采取的发展战略重点在于数量的扩张（GNP的快速增长），而忽视了对社会全体成员的基本需要的满足，忽视了增长成果的公平分配，忽视了政治变革、社会变革与社会进步，从而导致两极分化愈演愈烈，人力资源严重浪费，自然资源大量毁坏。在发达国家的工业化进程中，人们不必过分区分增长与发展的差别，原因在于这些国家在经济增长的背后，隐含着一种与社会经济结构相适应的内在而又灵活的反应机制。然而，发展中国家则有所不同，由于社会经济结构和体制的僵化和刚性，故在制定经济发展战略时，不仅要关注数量的增长，更要追求质量的变革。

经济发展不仅包括经济增长，还包括经济结构的变化，这些变化主要体现为如下几个方面：

第一，投入结构的变化。从简单劳动转到复杂劳动，从手工操作转到机械化操作，从传统的生产方法转到现代的生产方法，从劳动密集型技术转到资本密集型技术和知识密集型技术，生产组织和管理形式从传统的小生产转到现代的大公司。

第二，产出结构的变化。主要表现为产业结构的变化。在国民经济中，第一产业的劳动力和产值比重趋于下降，第二产业比重趋于上升，第三产业比重逐渐扩大，最终成为经济中最大的部门。每个部门内部的结构也相应发生变化，逐渐趋向平衡。在产业结构的转换过程中，农村人口向城市迁移，城市化和工业化同步进行。

第三，产品构成的变化和质量的改进。产品和服务构成适应消费者需求的变化，质量不断提高，品种更加多样化。

第四，居民生活水平的提高。具体表现为人均收入持续增加，一般居民营养状况、居住条件、医疗卫生条件和受教育程度明显改善，文化生活更加丰富多彩，人均预期寿命延长，婴儿死亡率下降，物质和文化环境比以前更加舒适。

第五，分配状况的改善。收入和财产的不平等程度趋于下降，贫困人口趋于减少。

此外，经济发展离不开社会变迁。例如，人口结构、社会分层结构、社会制度和文化等必然伴随着经济的发展而变化调整。从这个意义上讲，经济发展本身也包含了社会进步、社会转型和社会变迁。

由上可见，经济发展比经济增长包含的内容要丰富和复杂得多。当然，没有经济增长就不会有经济发展，就此而言，经济增长是经济发展的必要条件。但是，经济增长不一定会带来经济发展。也就是说，经济增长不是经济发展的充分条件。在经济增长过程中，生产方式和生产技术以传统为主。如果产业结构没有什么变化，仍然以传统农业为主，则二元结构鲜明，城市化和工业化严重不平衡；如果生产出来的产品相当一部分是假冒伪劣产品，则以损害消费者的利益为代价；如果生产的产品大量积压，则缺乏需求；如果人类居住的生活环境遭到破坏，污染严重，则导致生活质量下降和健康受损；如果收入和财富分配越来越不均，则贫困人口不但没有减少，反而还在增加。那么，这种经济增长就不会带来真正的经济发展。

二、以人为本的发展

不同的国家处于不同的社会经济背景和经济发展水平，例如有些国家偏重于经济效益和个人作用，有些国家则更强调独立和公正。但是，在探讨和确定发展的最基本的价值判断准则时，则是追求以人为本的发展，其基本内容包括在不同层次上满足人的基本需要和发展人的能力。

经济学家丹尼斯·古雷特认为，发展至少有三个基本内容：生存、自尊和自由。生存是提供基本生活需要，包括食物、住所、健康和保护，以维持人的生存。当这些基本需要中的任何一项得不到满足或严重匮乏时，就意味着存在"绝对不发达"的状况。没有在社会水平和个人水平上持续不断的经济进步，人力资源及其潜能就很难得以发挥。因此，要满足人的基本需要，就必须提高人均收入、根除绝对贫困、减少收入分配不平等。自尊是指人要被当作一个人来看待，要让人能够感受到自身价值的自尊感，而不是为了他人的目的被作为工具来使用。自尊的性质和形式可能会因不同的社会和文化背景而发生变化。目前，人们常常把国家的繁荣和物质财富的丰富作为实现自尊的基本形式及一般价值尺度。自由是把人从异化的物质生活条件以及种种惯例下解放出来。自由还意味着社会及其成员选择范围的扩大或者限制范围的缩小。经济增长的好处并不在于财富造成的幸福的增长，而在于它扩大了人类选择的范围。财富可以使人获得他在贫困时不能获得的对自然界和周围环境更大的控制能力，可以使人获取更多的闲暇，得到更多的物质产品和服务。此外，自由还包括思想表达自由以及参与社会活动和公共事务的政治自由。

发展的目的不仅在于增加人的商品消费数量，更重要的还在于使人们获得能力。根据这一思想，联合国开发计划署提出了人类发展指数的概念，进一步拓展了发展目标的内涵，指出发展是一个不断扩大人们选择的过程。

人类发展包括两个方面：人的能力的形成和能力的运用。人的能力包括：拥有足够的收入来购买各种商品和服务的能力、延长寿命的能力、享受健康身体的能力、获得更多知识的能力以及参与社会公共事务的能力，等等。能力的运用对于人的发展也相当重要，如将人的能力运用到工作中，或者创造闲暇，或者去从事政治和文化等方面的活动。如果发展不能使人的能力得到运用，许多人力资源的潜力将难以发挥。当然，人的各种能力的提高需要有社会总产品的增加，需要有经济的增长。只有经济持续增长，才有可能不断增加生产性就业和收入水平，改善民众的物质生活条件，提高健康水平和文化素养，等等。

所谓可持续发展就是既满足当代人的需要，又不对后代人满足其需要的能力构成危害的发展。这一概念的核心思想是健康的经济发展，应建立在可持续生存能力、社会公正和人民积极参与自身发展决策的基础之上；可持续发展所追求的目标是既使人类的各种需要得到满足，个人得到充分发展，又要保护资源和生态环境，不对后代人的生存和发展构成威胁。衡量可持续发展主要有经济、环境和社会三方面的指标，缺一不可。

可持续发展并不否定经济增长，尤其是发展中国家的经济增长。毕竟经济增长是促进经济发展，促使社会物质财富日趋丰富、人类文化和技能日益提高，从而扩大个人和社会的选择范围的原动力；但是，传统的增长方式需要改善。可持续发展反对以追求最大利润或利益为取向、以贫富悬殊和掠夺性资源开发为代价的经济增长。它应以无损于生存环境为前提，以可持续性为特征，以改善人民的生活水平为目的。

可持续发展与以人为本的发展和经济发展的目的基本上是一致的，它们都强调生活质量的改善和社会的进步。对发展中国家来说，实现经济发展是十分关键的，因为贫困与不发达正是造成资源与环境恶化的根本原因之一。只有消除贫困，才能形成保护和建设环境的能力。世界各国所处的发展阶段不同，发展的具体目标也各不相同，但发展的内涵均应包括改善人类生活质量，保障人的基本需要，并创造一个自由平等的、和谐的社会。总之，体现以人为本和追求可持续性应该是发展的永恒主题。可喜的是，中国提出的科学发展观正好体现了这一思想。

第三节　发展水平的度量

一、国民收入核算体系

自从建立了国民收入核算体系以来，联合国有关机构、世界银行及世界上众多国家，都先后采用国民生产总值或人均国民生产总值作为衡量一国经济发展程度的指标。采取国民生产总值或人均国民生产总值作为衡量发展水平的指标简单明了，通用性强，易于收集和整理比较（例如，使用实际国民生产总值的增长率表示经济增长率），因而国际组织经常将此作为划分国家类别的基本依据。

但是这种方法在经济分析中，特别是在国际比较中，仍然存在着许多缺陷。第一，它不能及时反映所生产的产品和劳务的类型，或从使用这些产品和劳务中得到福利的情况。在发展中国家，许多产品和服务并没有进入市场交换，而是直接由家庭成员自给自足。第二，由于统计技术上的困难，地下经济无法计算在内。第三，没有反映由于环境污染、城市化和人口增长所付出的社会代价。尽管环境资源难以纳入国民收入核算体系，但是资源耗竭和环境恶化对生产率和经济增长的不利影响是显而易见的。土壤侵蚀可能引起的经济损失每年达到国民生产总值的 0.5% ～ 1.5%；热带森林每年以 9% 的速度递减。第四，国际比较时汇率不能反映国家间真实收入差别。

由于汇率把各国的国民产品换算成同一货币，并不能真实反映它们之间的实际收入水平，国际上有些机构和学者就运用购买力平价作为货币换算因子，以此来估算和比较各国的收入水平，从而在一定程度上克服了国民生产总值指标比较上的困难，使国民生产总值指标的应用范围有了一定的扩大。

用国民收入核算体系来衡量经济发展，其最大的问题还在于它难以反映经济发展的全貌，不能说明经济发展的动态内容，如经济结构的变化与调整、收入分配的改善与贫困人口的减少、就业水平的上升与实际生活质量的提高等。尽管如此，到目前为止，经济学中还没有发现比国民生产总值更好作为一国国民产品的综合指标。因此，这一指标仍然被广泛使用。不过要全面反映经济发展状况，仅用这一个指标是远远不够的。许多学者一直在设法建立其他的综合指标体系，来替代或补充传统的度量指标。这些指标大致可分为两类：一类是采用生活质量衡量发展；另一类是采用社会、经济和政治因素相互作用的标准来衡量发展。

二、社会经济综合发展指标体系

（一）联合国社会发展研究所的 16 项指标体系

这项研究涉及选择最适当的发展指标，以及对这些不同发展水平指标间的相互关系的分析。最初，他们考察了 73 项指标，最后从中选择了 16 项主要指标，分为以下两类：第一，社会指标（7 项），分别为出生时的预期寿命、2 万人以上地区人口占总人口的百分比、人均每日消费的动物蛋白质、中小学注册人数总和、职业教育入学比例、每间居室平均居住人数、每千人中读报人数；第二，经济指标（9 项），分别为从事经济活动人口中使用电、水、煤等的百分比，每个男性农业工人的农业产量，农业中成年劳动力的百分比，人均消费电力的千瓦数，人均消费钢的千克数，能源消费（折合人均消费煤的千克数），制造业在国内生产总值中的百分比，人均对外贸易额，工薪收入者在整个从事经济活动人口中的百分比。

指标的选择依据是它是否和社会发展指数联系密切。社会发展指数与各种单个的社会和经济指标的关系，要比与人均国民生产总值等指标的关系更为密切。

这个体系的特点是以福利为中心，重点考察卫生、营养和教育状况，反映了基本需求战略的基本要求；其缺点是大多采用人均指标，未能反映社会与经济结构变动的因素。

（二）阿德尔曼和莫里斯的 40 个变量体系

20 世纪 60 年代末，美国经济学家阿德尔曼和莫里斯提出的发展指数是根据经济、政治和社会因素之间相互作用的方式来衡量发展的。这项研究根据 40 个变量，对 74 个国家进行了分组，用因素分析法考察了社会和政治变量与经济发展水平间的相互依赖关系，发现了某些关键性因素与经济发展水平间的许多相关关系。这 40 个变量的指标包括 4 类：1. 总体经济特征（3 个），分别为传统农业农村部门的大小、二元结构的程度、城市化的程度；2. 总体社会文化特征（9 个），分别为基本社会组织的特点、当地中产阶级的地位、社会流动性的程度、识字率、大众传播媒介的水平、文化和种族的同质程度、社会紧张程度、自然人口生育率、观念的现代化程度；3. 政治指标（12 个），分别为国家一体化程度与民族意识、政治权力集中程度、民主制度的力量、政治上的反对派与出版自由度、政党竞争程度、政党制度的基础、工人运动的实力、传统的上层人物的政治力量、武装力量的政治力量、政府机关的效率、领导层对经济发展（改革）的支持程度、政治稳定程度；4. 经济指标（16 个），分别为人均国民生产总值、人均国民生产总值增长率、自然资源蕴藏量的大小、总投资率、工农业现代化水平、1950 年以来工业化程度的变化、农业组织的特点、农业技术现代化水平、1950 年以来物质资本的增加程度、税收体制的实际水平、1950 年以来税收体制的改进程度、财政体制的实际水平、人力资源的提高程度、对外贸易的结构、农业劳动生产率的改善程度、有形的经常资本充足程度。

这一体系的优点是较系统全面地考虑到了经济与社会政治的变动，强调了人力资本的作用；缺陷是有些因素的政治性质和社会标准难以准确地加以测算，增加了经济发展度量的难度，不符合实用性原则。

三、物质生活质量指数

物质生活质量指数于 20 世纪 70 年代初开创的。这种指标体系的主要优点是所需资料容易找到，计算简便易行，缺点是所衡量的"生活质量"的范围过于狭窄，没有考虑到社会和心理上的许多因素，诸如安全感、公正、人权等。

四、人类发展指数

最有影响的发展度量指数是人类发展指数，这个指数是由三个指标构成的，即寿命、教育程度与生活水准。寿命以出生时的寿命预期来衡量；教育程度以成人识字率与初、中、高各级学校入学率两个指标加权平均获得（其中给予成人识字率 2/3 权数，初、中、高各级学校入学率 1/3 的权数）；生活水准以调整的人均国民生产总值来表示（即人均国民生产总值按照购买力平价和收入边际效用递减原则来调整）。这三个指标是按 0 到 1 分级的，在算出每个指标的等级后，对它们进行简单的平均，便得到一个综合的人类发展指数。然后按人类发展指数的高低对世界上的 188 个国家（或地区）进行排序。人类发展指数分为四组：低人类发展指数（0～0.549）、中等人类发展指数（0.550～0.699）、高人类发展指数（0.700～0.799）、极高人类发展指数（0.800～1）。

最初人类发展指数只是用来度量相对的人类发展水平，而不是绝对的人类发展水平。后来联合国发展计划署对人类发展指数进行了修正，使之能反映一国长期人类发展的进步状态。

五、千年发展目标与可持续发展目标

可持续发展目标是建立在千年发展目标完成的基础上的，具有继承性，但是在范围和目标上更广泛。

可持续发展目标聚焦 5 个主题：人口、地球、繁荣、和平和伙伴关系。各国致力于根除贫困和饥饿，确保所有人都能够在有尊严的、平等的和健康环境

下实现他们的潜力；保护这个星球不退化，并在气候变化上采取紧急行动；确保所有人都能享有繁荣而又惬意的生活，与自然和谐相处；培育一个和平的、正义的和包容性的社会，使之免除恐惧和暴力；通过全球强有力的伙伴关系，动员一切手段和措施，重点放在扶持最贫穷的、最脆弱的人群上。

与千年发展目标相比，可持续发展目标有以下特征。首先，指标大大扩充了。其次，千年发展目标侧重于社会发展，如减贫、教育、健康、性别平等，没有把经济发展和制度建设单独作为目标；而可持续发展则把社会发展、人权改善、经济发展、生态保护和可持续发展都作为目标，使得发展目标和指标更为全面、系统和平衡。再次，可持续发展目标特别强调经济、生态和社会的可持续性，尤其是对生态可持续发展，这与千年发展目标重点在减轻多维贫困上形成了鲜明对照。最后，可持续发展目标强调与千年发展目标的连续性。

第四节　发展经济学的产生及研究任务与方法

一、发展经济学的产生与演进

（一）发展经济学的起源及其在西方的兴起

20 世纪 80 年代后期以来，发展经济学呈现出若干新的发展趋势，许多新兴经济学分支和方法兴起，新增长理论、新贸易理论以及新制度发展经济学等新理论推动了发展经济学再度复兴。进入 21 世纪以来，随着经济全球化进程的加快、人类发展内涵的不断丰富，发展经济学再一次进入新的繁荣发展阶段。

作为一门独立的学科分支，发展经济学兴起于 20 世纪 50 年代后，特别是二十世纪五六十年代。但它创立的渊源，或者说思想观点的酝酿，则可以追溯到 20 世纪 30 年代末 40 年代初，甚至更早一些。到 20 世纪 40 年代中国发展经济学说已基本成熟，并初步形成了较为独特的体系。

20 世纪 50 年代后，由于国家之间经济联系的增强以及出于本国自身发展的需要，发达国家尤其是西方资本主义发达国家的经济学家，感到有必要对发展中国家的经济发展问题进行研究。正是在以上历史背景下，一个以发展中国家经济发展为研究主题的经济学分支学科呼之欲出。就是在这段时期，刚刚成立不久的联合国和世界银行等国际机构组织，也表现出对发展中国家的极大兴趣，出版了大量的世界经济统计资料；组织了包括不同应用经济学分支领域的专家，到发展中国家进行实地考察，并担任政府顾问和咨询工作；同时，它们就发展问题举办了一些专题讨论，定期和不定期地出版统计公报和各种发展文献。同样也是在这段时期，许多欧美国家的国内问题专家改弦更张，以发展经济学家的名义出现，发展经济学开始成为热点学科并进入了大学经济系的课程表。从此，各种各样的发展模式和理论观点相继被提出，发展经济学也就作为现代经济学的一个新的分支，在西方逐步形成和发展起来。

（二）二十世纪五六十年代的发展经济学

二十世纪的五六十年代是发展经济学的繁荣与大发展时期。在这一时期，许多国家的专家学者，根据现代经济学的体系与发达国家经济发展的经历，构造了各种理论模式来解释发展中国家经济贫困落后的原因，并筹划经济发展的战略。在这段时期影响较大的发展经济学家及理论主要有：二元经济模型、"大推进"理论和平衡增长理论、贫困恶性循环理论、经济成长阶段理论，以及拉美结构主义发展理论。

这一时期，发展经济学家普遍认为以市场价格机制运作为理论核心的西方正统经济学（新古典主义经济学）并不适用于发展中国家。因此，发展中国家的经济发展不能指望市场价格机制对其进行自动调节，而需要借助于国家干预或计划来进行经济结构的重大改进和经济关系的重大调整。这一调整的实质就是实现工业化，即从以农业占统治地位的经济结构转向以工业和服务业为主的经济结构。总之，此时期发展经济学的理论观点比较明确，即强调资本积累、工业化和发展计划对经济发展的重要性和必要性。这些观点后来分别被称为"唯资本化论""唯工业化论"和"唯计划化论"。在对外经济关系问题上，早期发展经济学一般不支持比较成本理论和自由贸易政策，而是主张贸易保护，强调国家对外贸易保护的政策。

综上所述，二十世纪五六十年代的发展经济学的主要特点：1. 反对单一的新古典主义传统，倡导双元经济学并存，即经济学至少可以划分为发达国家经济学（以新古典主义或新古典综合理论为基础）和发展中国家经济学；2. 注重结构主义分析，主张工业化、计划化和（物质）资本积累；3. 强调内向发展战略，主张用进口替代工业化、实行贸易保护政策；4. 试图建立对所有发展中国家都适用的宏大发展理论体系。

（三）二十世纪七十年代至八十年代初期的发展经济学

在早期发展经济学理论的影响下，绝大多数发展中国家采取计划化、国有化和奉行进口替代战略等，推行国家主导的发展政策，来加速资本积累和工业化的发展道路。然而，那些对外经济比较开放、注意发挥市场作用、实行出口导向政策的发展中国家，却在经济上取得了较快的进步。面对这种情况，发展经济学家大都不再像二十世纪五六十年代那样意气风发，而是以一种平静的态度反思早期的发展理论，并在许多方面作出了重大修正和转变。二十世纪六十年代末期以后，新古典主义复兴在发展经济学中逐渐形成主流，到二十世纪七十年代末八十年代初，新古典经济学的理论几乎渗透到了所有的发展研究领域，新古典主义思想已经完全贯彻到了"正统"发展经济学之中，成为发展经济学的基本特征。

新古典主义认为，价格是经济发展的核心问题，但发展中国家的价格扭曲现象，成为经济发展的最大制约。新古典主义经济发展理论的政策主张，有三个基本观点：一是主张保护个人利益，强调私有化的重要性；二是反对国家干预，主张自由竞争、自由放任；三是主张经济自由化，包括贸易自由化和金融自由化。

华盛顿共识为发展经济学带来的理论贡献是巨大的，几乎所有经济学家已经达成共识——只有市场经济才能发展经济。沿着这条道路发展经济也是发展中国家应该努力的目标。这是发展经济学的重大进展，也是研究经济发展问题的出发点。但问题是在市场化进程中存在许多不确定性和困惑，例如，如何在制度改革中促进市场化？如何建立健全市场制度？如何在开放条件下保证经济金融稳定安全……因此，在华盛顿共识指导下的发展经济学重新遭遇一系列困惑。发展中国家的市场不发育与市场体制的不健全，并不因为新古典主义政策的实施而得以自动消除，经济自由化尤其是金融自由化的过度推崇和出口导向的过分渲染，再加上金融体制的不发育、各种结构二元问题的长期存在，使得新古典主义的发展政策甚至在一些曾经取得相当成功的国家和地区也遭遇了失败。

据此，人们逐渐认识到，在既定的制度结构和制度安排的基础上，新古典主义的"矫正价格"和"矫正政策"主张根本不可能使整个经济最终摆脱困境。因此，发展理论期待着一种新理论的创新。

（四）二十世纪八十年代中期以后的发展经济学

二十世纪八十年代中期以后，尽管新古典主义思想在发展经济学领域继续发挥着重大的影响，但是，随着越来越多的来自发展中国家的经济学家的加入，发展经济理论的研究一方面呈现多元化的趋势，另一方面不同发展学说又趋于融合。现在，发展经济学作为一门经济学学科，不仅存在，而且还相当活跃。发展研究出现了若干明显的新趋向，大致可以归纳如下：

第一，经济学主流理论和方法有了重大进展，这些进展也开始体现在发展经济学研究范围和分析深度上。在理论研究上，以结构研究为主转向以组织和政策研究为主，从一般研究转向不同类型的研究，不同学派之间出现了交融发展的趋势。例如，在各种学派交融的综合发展之中，新古典政治经济学派开始显示出强劲的解释力，于是制度分析、交易成本分析、公共选择分析、寻租分析和新古典分析相结合，从而使人们更深入地认识到不发达社会经济结构呈僵化和刚性的实质和原因。再如，新增长理论骤然兴起，并表现出与发展研究相融合的趋势。信息经济学、博弈论也被运用于发展研究。

第二，对发展的含义有了更为深入的认识。诺贝尔奖获得者、印度经济学家阿马蒂亚·森在20世纪80年代初提出了一种评价发展的新方法。根据他的思想，联合国开发计划署提出了人类发展的概念，认为发展的核心问题就是以人为本的发展，发展的进程应该为人们创造一种有益的环境，使他们能够独立地和集体地去发挥他们的全部潜力，不断扩大他们的选择范围；发展还应该考虑后代的可持续性。从1990年起，由于环境问题变得日益严重，开始直接影响和制约发展中国家的长期经济增长，故从20世纪90年代开始，西方出版的发展经济学教科书无一例外地增加了新的一章，专门论述环境与可持续发展问题。

第三，从全球角度考虑发展问题。随着国际货币基金组织、世界银行和联合国有关机构等国际性组织对发展中国家的影响日益增加，以及发展中国家与发达国家相互依存关系的日益增强，发展问题实际上已超出了发展中国家自身的范围。例如，以因特网技术为代表的信息技术革命、跨国公司在全球的扩张，金融风暴在地区间的扩散，等等。要解决这些问题就要求发展经济学必须成为一门研究全球性共同问题的经济学。

第四，对发展经济学进行革新，建立符合发展中国家实际情况和要求的新型发展经济学。新发展经济学的特点包括：其一，将发展中大国作为重点研究对象，兼顾中小型发展中国家的研究。这些国家不仅包括实行了资本主义市场体制的发展中国家，而且也包括实行社会主义制度的、正在实行体制转轨的发展中国家。其二，从社会经济发展的历史角度探根索源。不是就经济谈经济，而是联系历史、社会、政治、文化、教育等方面，综合地探讨发展中国家的经济起飞和经济发展。其三，从发展中国家的本国国情出发，制定发展战略。其四，注意研究计划与市场两者之间关系在不同类型发展中国家的新发展。

目前，从计划经济向市场经济转型的问题，可以说为发展经济学提供了广阔的研究领域，并已成为新发展经济学的重要内容之一。可喜的是，我国已有一大批中青年学者开始致力于转型发展问题的研究，例如，提出研究过渡经济学或双重转型问题（即由计划经济向市场经济转型和由传统经济向现代经济转型），或倡导立足于国际学术规范的中国本土化问题的研究。毫无疑问，以上所有这些努力将极其有利于新型发展经济学的繁荣和发展。

在新型发展经济学理论探索中，非经济因素的分析重新受到重视，特别是关于制度因素的分析逐渐成为发展研究领域的关注热点。正是在新古典主义框架下的发展经济学遭遇困惑之际，以科斯的理论为代表的新制度经济学开始崛起并被广泛引入发展研究领域。它既继承了古典经济学中对制度研究的关注，又吸收和发展了现代经济理论中惯用的基本分析方法。20世纪80年代中期以来，在发展经济学中运用新制度经济学来进行制度研究的文献已逐渐增多。到了20世纪90年代，更是发生了重大转变，许多经济学家都对经济发展中的制度问题予以高度重视，这就为发展经济学提供了新的研究视角。新制度经济学家把制度作为经济活动中一个重要的内生变量，并运用新古典主义供求分析法，探讨发展中国家在经济发展过程中所面临的制度障碍，以及克服制度障碍可供选择的各种方案和思路，从而逐渐形成了发展经济学的新制度主义理论。

总体来说，新制度主义发展理论，可以看做是新古典主义发展理论在某种意义上的延伸和发展，但它更是新古典主义复兴思潮的再革命，因为它重新强调经济发展绝不可能是纯粹的经济现象，相反，经济发展受到政治、法律、制度等因素的深刻的、具有决定意义的影响。

然而，新制度主义发展理论本身的发展并不能完全代表发展经济学学科的发展方向。这是因为尽管制度分析至关重要，但制度的建立、调整和变迁本身并不是经济发展的目的，而仅是手段，因为结构的不均衡和结构的调整、转换，仍然是发展中国家经济社会变革所面临的主要问题，换言之，工业化是经济发展中具有根本性和决定性的基本内容，发展中国家可视为"处于工业化过程中的农业国家"，发展中国家的经济发展过程可以具体而明确地称为"农业国的工业化"，这就必然构成发展经济学研究的主题。此外，伴随着农业国工业化、信息化和全球化的新发展，发展中国家面临新型工业化道路的选择。

（五）发展经济学的新发展

进入 21 世纪以后，发展经济学在宏观发展经济学家（聚焦于经济增长、国际贸易、财政和宏观政策）和微观发展经济学家（研究小额贷款、教育、健康以及其他社会项目）之间处于割裂的状态，并且两个阵营间方法论的差异在随机评估革命下更加突出，但罗德瑞克认为宏观发展经济学和微观发展经济学在政策思维上有实质性的融合，并且需要从明确的理论框架筛选证据或者明确我们所需要寻找的证据。宏观——微观在政策思维上的趋同推动了发展经济学的新发展，使发展经济学取得一系列新的突破。

发展研究的主要新领域有：1. 全球范围内在发展中国家开始建立高质量微观数据库，工具变量法、自然实验方法、双重差分、匹配，随机对照实验方法等微观计量方法，被广泛地应用于微观实证分析；2. 随机对照实验也开始被运用于政策评估和反贫困研究。随着贫困内涵向多维化演进，贫困测度的方法也从最初的单维测度向多维测度演进；3. 内生增 K 理论的出现，扩展了发展经济学家研究经济增长的视角，关于制度、文化、地理对长期经济增长影响的研究，开辟了新的研究范式；4. 新结构经济学理论兴起，该理论提出了一个使发展中国家获得可持续增长、消除贫困、并缩小与发达国家收入差距的理论框架，认为经济发展是持续的工业升级进程和结构转型的过程。

1978年，中国引进了西方学者的发展理论和政策主张，为经济改革和发展提供了理论指导和实践指南。特别是正值西方发展经济学所出现的工业化战略转向和"新自主主义"思想的盛行，极大地影响了中国经济发展进程。这些发展理论和政策主张对中国的影响主要体现在如下几个方面：第一，从过分强调计划化和国家干预转向更为重视市场机制和市场制度的基础性作用。中国实施市场化取向改革，充分调动了经济个体的积极性和创造性，挖掘了民间与日俱增的消费和投资潜能，推动了市场繁荣和经济发展。第二，由优先发展重化工业的片面工业化转向更加重视农业发展和农村建设的全面工业化。中国逐步深化对农业的地位和作用的认识，通过农业产业化、乡村工业化、城市一体化、新农村运动等战略实施，加快改造二元经济结构。第三，由强调采取进口替代和贸易保护的内向型工业化转向十分重视外贸、外资作用乃至主张贸易自由化和金融自由化的外向型工业化。中国意识到对外开放的重要性，积极利用国际市场和外部资源，通过技术学习、制度模仿、产业联系和市场扩张，努力实现经济追赶和快速发展。第四，由单纯重视资本积累和要素投入的原始增长型工业化转向更加重视人力资本和技术进步作用的内生增长的工业化。第五，由单纯追求经济本身的增长转向重视经济生态环境和社会发展之间协调和谐的可持续增长，可持续发展成为发展的主题。第六，迎接新的信息化技术和经济全球化冲击下的新型工业化浪潮。一方面继续奉行既定的产业结构演进规律，使以农业为主体的经济转化为以制造业和服务业为主体的经济，这也是传统意义上工业化；另一方面以信息化赋予传统工业化崭新的内容和现代含义，运用现代信息技术改造和提升传统产业，促进产业结构优化升级。

尽管发展经济学的理论和政策为中国经济发展提供了很多有益的借鉴，但坦率地讲，中国经济发展取得的较大成功并不符合西方的标准模式，正统的西方主流发展理论并没有为中国转型发展提供完整且准确的解答。因此西方有学者把中国独特的发展经验称为"中国道路"或"中国模式"，甚至有学者总结出"北京共识"。

中国经济社会仍在不断发展，经济正处于加速转型发展阶段。中国的发展经济学家创新发展理论、构建新的发展经济学体系，一方面推动中国经济实现平稳增长；另一方面在中国经验的基础上推动了发展经济学这门学科。

二、发展经济学的研究任务与方法

（一）发展经济学的研究任务和特点

作为发展中国家的经济学，发展经济学的研究主要是关注发展中国家的发展过程及其出现的问题。这包括两方面的内容：一是发展中国家的经济相对于发达国家而言，差距的原因与障碍是什么；二是发展中国家如何加快经济发展步伐、实现经济起飞，追赶发达国家。简言之，发展经济学主要应当研究发展中国家的经济如何才能从落后形态过渡到现代化形态的发展过程，其影响因素如何，以及为此而应该采取的战略与政策。

发展经济学的研究有如下几方面的特点：

第一，更注重长期的动态的经济发展过程。一般而言，发达国家经济学以较成熟的市场经济为背景，关注的多半是市场机制的作用、充分就业、通货膨胀和经济周期之类的问题，属于中、短期经济分析；而一个发展中国家的经济从传统走向现代，主要涉及一些长期经济问题的分析，例如，经济行为方式的转变、投入要素的开发与积累，以及经济结构的转换与调整等，这些问题也正好构成了本书的主要内容。

第二，更注重国际经济的比较研究。在世界经济的近现代历史上，无论是先前跨入工业化、现代化行列的西欧北美诸国，还是后来奋起直追、取得巨大经济成就的日本和东亚国家（地区），它们在工业化战略、市场发展、政府作用以及对外经济贸易策略选择等方面，积累了相当丰富的历史经验和教训。因此，一方面，要从国际经济的视野分析发达国家的经济发展战略；另一方面，由于发展中国家与发达国家之间存在着极其密切而又复杂的关系，因此在开放经济条件下探讨发展中国家的经济问题，也就必须从国际经济的角度去分析。

第三，更注重研究发展中国家经济的一般规律和具体国家的特殊性。毫无疑问，发展中国家往往具有一些共性，如前面我们所分析的，生活水平低、人口众多、二元经济结构以及市场不发育等。但是，如果仅仅注意这些共性而忽视各个国家的具体国情，那么所提出的政策主张就难以获得预期的效果，有时往往行不通。因此，发展经济学不能像一般理论经济学那样假设所研究的社会是一个典型的、有效率的经济制度，而是研究各国自己的特点，如收入高低、结构水平、发展阶段、资源条件以及社会制度状况等，各国的特点不同，在发展中遇到的问题也不一样，所需要采取的发展战略与政策也必须有所区别。

（二）发展经济学的性质

从某种意义上讲，发展经济学已不是一种纯粹的经济学。分析许多发展问题，尽管需要借助一般的经济概念和原理，但传统的西方经济学的许多主要概念和原理对于理解和解决发展中国家的问题并不十分中肯和适用。传统的西方经济学分为两部分：微观理论和宏观理论。微观理论主要关注的是在市场机制作用下，如何使用稀缺的生产资源以最佳的方式生产各种商品，以及如何把商品分配给社会各成员消费的问题。宏观理论则考察在市场调节条件下所产生的经济增长、通货膨胀、失业以及政府如何作用等问题。在对这些问题的讨论中，文化价值、社会政治、历史背景和其他管理制度，都是作为既定的分析前提，并被假定为不会阻碍经济的增长。

与此不同，发展经济学家不能把这些"非经济因素"视为既定的前提，而必须把它们作为一项有待研究的重要内容来加以考察。这是由不发达经济问题的性质所决定的。因为在发展中国家，市场缺乏或高度分割，人们的经济活动不一定按经济原则行事。用于指导资源合理配置的市场机制或者不存在，或者不能发挥其适当的作用，因此，如果不把经济变量与社会文化制度的现实情况圆满地结合起来，人们就不可能指望市场机制优化配置资源或政府宏观政策促进资源合理利用。可见，发展经济学的视野超越了西方传统经济学，特别注重考虑社会经济发展所必不可少的社会结构、文化价值、政治体制、历史背景以及各种相关社会制度的变革。同时，它还注重政府和经济计划在消除贫困、失业和不公平等问题上的作用。

发展经济学正发展成为一个真正的跨学科的交叉领域，它已成为处理发展中国家复杂的社会经济问题的一个科学范式。由于经济社会的欠发达涉及政治、社会、管理、技术以及文化等方面因素的作用和影响，发展研究已从纯经济理论范式中走出来，逐渐向一个超专业化学科方向发展。一方面，它的研究视角扩展到许多非经济领域；另一方面，它正在朝着更加精细的科学专业化方向努力。总之，发展经济学从大一统的宏大经济理论范式中走出，分化出若干个专业化的关于发展问题的子分支，并在此基础上发展成为一个跨经济分析与非经济分析的边缘性的综合学科。

（三）发展经济学的研究方法

发展经济学的研究方法应以唯物论和辩证法为指导，综合吸收各学派和各领域的特长，做到理论分析、历史分析和经验的或统计的分析相结合。

第一，一国经济发展是一个长期演变的动态过程，在这一过程中，经济系统的各要素和结构总在不断组合和协调之中。发展经济学应侧重于动态的和非均衡的分析。

第二，发展经济学应侧重于结构分析，其中包括产业结构、经济区位结构、人口结构、现代与传统并存的二元结构等问题。

第三，发展经济学应侧重于历史的和制度的分析方法。

第四，发展经济学还应较多地运用经验、比较和模型分析方法。主要内容如下。1. 经验分析方法。选择若干发展中国家，获取有关发展的详细实际资料，通过案例研究，具体分析这些国家的社会经济条件，对其发展进程进行实证性分析，总结发展的经验，提出有关的政策建议。2. 比较分析方法。在获得详尽统计资料和实证分析的基础上，进行比较研究，既包括经济发展状况的比较，又包括经济发展因素的比较。通过比较，总结经验教训，找出经济发展的规律。具体包括三种不同的比较：一是同期的不同发展中国家的社会经济条件和经济发展状况的比较；二是发展中国家和发达国家的相同发展历史阶段的比较；三是同一发展中国家不同历史时期的比较。通过比较，可以揭示经济发展的共同性的趋势，也有利于探索不同国家在不同条件下所采取的不同发展道路和发展战略。3. 模型分析方法。通过对经济发展各因素之间的联系和各变量之间的关系，以及总体变化趋势研究建立描述这些关系和趋势的相应模型，以便揭示经济发展的规律和机制，如运用宏观经济模型，构造一个两缺口模型，论证了发展中国家利用外资与国内经济平衡及经济发展之间的数量关系。这些模型包括总量模型、结构模型和单项模型。有些模型是适合于众多发展中国家的一般模型，而有些模型则是只适合于特定国家的具体模型。

第五，发展经济学应重视发展战略和政策研究。由于发展经济学是一门应用性很强的经济学科，其研究目的是指导发展中国家的发展实践，因此，根据各国具体国情，制定相适宜的发展战略和政策是发展经济学家的基本任务；与此同时，为了检验发展战略和政策的实效，发展经济学家还必须注意研究发展目标、政策规范和标准。

发展经济学是一门研究落后国家或农业国家实现工业化和现代化、实现经济起飞和经济发展的学问。发展经济学有广义与狭义之分。我们所关注的是狭义发展经济学，即发展中国家的经济学。

发展中国家是与发达国家相对应的一个概念。与发达国家相比，发展中国家具有多方面基本的社会经济特征。由于发展中国家社会经济结构和体制上的障碍，制定经济发展战略时，不仅要关注数量增长，而且还要追求经济结构的变化。从更深层次看，发展中国家经济发展的根本目标应该是追求以人为本的发展和可持续发展。衡量发展水平的指标体系有多种。

发展经济学主要研究发展中国家经济从落后形态过渡到现代化形态的发展过程与影响因素，以及为此应该采取的战略与政策。它主要涉及一些长期经济问题，如经济行为方式的转变，投入要素的开发与积累，以及经济结构的转换与调整。在研究方法方面，发展经济学应以唯物论和辩证法为指导，综合吸收各学派和各领域的特长，侧重于动态的和非均衡分析、结构分析、历史和制度分析、经验比较和模型分析，以及发展战略和政策分析。

第五节　经济增长的理论与经验分析

一、现代经济增长的理论发展

现代经济增长模型产生于 20 世纪 40 年代，经历了三次大的发展：第一次是哈罗德－多马经济增长模型的产生和发展，发现资本和劳动等传统生产要素之外的因素对增长具有十分重要的作用，特别强调技术进步的作用，但将技术进步因素视为经济系统外生给定的；第二次是新古典经济增长模型，其也被称为外生技术进步的增长模型；第三次是新增长模型的产生和发展，将技术进步因素视为内生变量，在经济系统内部讨论技术进步的来源与演进，以及技术进步与其他经济变量之间的相互关系，因此，新增长模型也被称为内生技术进步的经济增长模型。

（一）哈罗德 – 多马经济增长模型

英国经济学家哈罗德，将凯恩斯的静态均衡分析动态化，建立了一个动态经济增长模型。美国经济学家多马提出了同一个类型的增长模型。因此，人们将二者合称为哈罗德 – 多马经济增长模型（简称 H-D 模型）。

H-D 模型本来是论述发达国家的经济增长的，但它同样适用于发展中国家。而且，发展中国家的收入水平低，资本稀缺，因此要加速经济增长，就必须提高储蓄率或投资率，即加快资本形成。

H-D 模型由于简单明了，成为 20 世纪 50 年代后很多国家制定经济发展政策的一个重要理论依据。但是，由于它只强调资本形成的作用，而忽视了劳动投入、技术进步乃至制度因素对经济增长的重要性，因而被提出的新古典经济增长模型所取代。

实际上，如果将 H-D 模型关于资本—产出比 v 在短期内不变的假定加以改变，它与新古典经济增长模型乃至罗默等人提出的新增长模型是可以相容的。只要将资本 – 产出比不变的假定加以修正，对决定它的因素予以明了，H-D 模型对发展中国家仍有一定的现实指导意义。

（二）新古典经济增长模型

二十世纪五十年代后期，经济学家们在修正 H-D 模型的基础上提出了著名的新古典经济增长模型，即第二代增长理论。

二十世纪六十年代，在索洛模型的基础上，西方经济学家通过大量计量经济学的验证，即进行增长核算，证实了资本对经济增长的贡献逐渐减小，而技术进步的相对贡献越来越大，并且成为推动现代经济增长主要力量的结论。

（三）新增长模型

二十世纪八十年代经济学家们又提出了第三代增长理论，即新增长模型，又称内生增长理论。新增长模型的创新之处在于设法处理规模收益递增，保证人均收入长期增长，但要使规模收益递增得以成立，关键是要论证可积累要素的边际收益至少是常数（即非递减）。

即使是新增长模型，也一再强调储蓄与人力资本投资对发展中国家经济迅速增长的重要性，这也导致了若干对增长内涵的新认识，而这些新认识都是与传统理论直接相悖的。首先，并没有一种力量能够导致所有封闭经济增长率的均衡。其次，国家的增长率保持不变，而不同国家的差别则取决于它们各自的储蓄率和技术水平。最后，在相同的储蓄率下，并不存在着一种趋势——资本匮乏国家的人均收入水平能够赶上富裕国家。

然而，具有较低资本—劳动比的发展中国家经济，其投资所能提供的较高潜在回报率，受到了低水平互补性投资的严重侵蚀。这类投资包括在人力资本（教育）、基础设施或研究与开发等方面的投资，因此穷国的收益要低于这些可供选择的任意一种资本支出所能带来的广泛的社会收益。由于个人得到的并非他们投资外部化产生的正收益，因此自由市场所导致的积累低于互补性资本的最佳水平。

正像互补性投资能够为私人带来收益一样，它也能为社会带来收益，政府可以通过它促进资源的有效配置。它们可以通过提供公共产品（基础设施）或鼓励在知识密集型产业投资来积累人力资本，从而增加单位生产的回报。与索洛模型不同，新增长模型将技术变革解释为公共与私人在人力资本和知识密集型产业投资的内生结果。新增长模型主张通过在人力资本形成方面的直接投资与间接投资和鼓励外国私人资本在诸如计算机软件与电信等知识密集型产业方面投资的公共政策的积极作用来推动经济发展。

尽管新增长模型为人们理解工业化国家和发展中国家的实际增长过程提供了一个较好的范式，但就理论的完美性来看，由于其采用新古典范式的方法论及概念，如总资本存量、总生产函数和具有无限期限的消费者效用函数，使其无法摆脱新古典范式的窠臼。

首先，它缺乏对经济结构方面的考察，如很少提及制度结构内生改变对经济绩效的影响，再如对不同经济部门的产出和就业结构的转变、组织结构的不同形式的分析未深入下去。

其次，在分析中，假定萨伊定律总是成立，储蓄的形成和投资的实现存在一致性，缺乏对投资方程式的分析，使其不自觉地排除了经济波动，假定经济总是运行于一条劳动力充分就业和资本充分利用的增长路径上。

再次，过分强调效用函数中的产品消费，忽视了闲暇享受，同时也过分强调生产函数中的资本（物质资本和人力资本），而降低甚至忽略了简单劳动和自然资源的重要性，使其产生了如何测度和加总人力资本，以及如何运用数据检验支持总生产函数形式（总生产函数的不同设定方式是各种新增长模型至关重要的前提）和效用函数形式的困难。

最后，其思想来源都可从以往的经济学说中找到，如斯密的劳动分工中的"干中学"、马歇尔的外部经济、舒尔茨的人力资本理论等，只是新增长模型运用数学外衣"装饰"旧思想。

新增长模型提出的政策建议是具有积极意义的，该模型认为政府对长期增长率的影响具有好或坏的巨大潜力，因此为政府介入经济增长提供了理论支持。总之，世界经济一体化趋势、知识经济的到来和新经济的出现，更多地支持了新经济模型，也预示了其广阔的发展前景。

二、现代经济增长的经验总结

（一）现代经济增长的性质与特征

1. 现代经济增长的定义

所谓现代经济增长，就是它给本国居民提供日益多样化商品的能力日益提升，这种不断提升的能力，是建立在先进技术及所需要的制度和意识形态的相应的调整的基础之上的。这一定义包括三个主要含义：1. 国民产出量的持续上升是经济增长的表现形式，而提供极其丰富商品的能力是经济成熟的标志；2. 不断提高的技术为经济的持续增长提供了基础或先决条件——一个必要但非充分的条件；3. 为了实现新技术所固有的增长潜力，必须进行制度、观念和意识形态的调整，没有社会创新所伴随的技术创新，就像没有电的灯泡一样——尽管存在着潜力，但如无补充的投入，那就什么也不会发生。

现代经济增长不仅包括经济增长的内容和表现形式，而且还包括了经济增长的源泉和必要条件。

2. 现代经济增长的特征

通过对当代几乎所有发达国家增长历史的考察，经济学家把现代经济增长概括为以下六个基本特征。

特征一：人均产出增长率和人口增长率高，且人均产出增长率更高。自从1770 年以来，所有当代发达国家过去两百多年的年人均产出增长率平均为 2%，人口增长率为 1%，因而，国民生产总值增长率达 3%。这种增长率意味着人均产出约 35 年翻一番、人口约 70 年翻一番、国民生产总值约 24 年翻一番，远远快于 18 世纪末叶工业革命以前的整个时期。

特征二：全要素生产率高且增长快。全部要素生产率，即全部投入的单位产出量，特别是劳动生产率大大高于工业革命以前的时期，并且全要素生产率增长速度是工业革命以前的许多倍。据估计，全要素生产率增长率，可以解释任何发达国家历史上人均产出增长的 50% ~ 75%。换句话说，所测算的人均产出在历史上增长的大部分原因，可由包括改善现有物质和人力资源的技术进步来说明。

特征三：经济结构变革迅速。经济结构变革的内容主要包括：农业活动逐渐向非农业活动转移，之后工业逐渐向服务业转移；生产单位在大小或平均规模方面发生了有意义的变化，由小的家庭和个体企业转变为全国性的或多国公司形式的巨大的公司组织；劳动力在空间位置和职业状况方面，相应地由农村、农业及相关的非农业活动向城市的制造业和服务业转移。

特征四：社会、政治和意识形态迅速变革。伴随经济增长而来的是社会与政治结构以及意识形态的变化。使传统的、保守的、静止的、散漫的思想观念转变为现代的、高进取心的、讲究效率的、快节奏的、勇于变革的、善于协作的、目光远大的思想观念。

特征五：国际经济扩张迅速。为了获取原材料、廉价劳动力以及推销工业品的有利市场，发达的工业国家向世界其他地区不断扩张。发达的现代技术，尤其是运输和通信手段的现代化，使得这种扩张成为可能。

特征六：经济增长在世界扩展进程中不平衡。尽管过去两个多世纪以来，世界产出有了巨大的增加，但现代经济增长在很大程度上只局限于北半球不到世界人口 1/3 的范围内。这部分人口享有全球收入的 75%。经济增长不能扩散到世界大多数地区，归纳起来有两大原因：从国内来说，大多数落后国家僵化的社会政治结构和传统保守的思想观念阻碍了经济增长潜力的实现；从国际上来说，发达国家和欠发达国家之间不平等的国际经济政治关系导致了富国对穷国的掠夺和剥削，从某种意义上说，富国的经济增长是靠牺牲穷国的经济增长来取得的。

3. 现代经济增长特征之间的关系

在以上所概括的关于现代经济增长的六大特征中，特征一、特征二涉及的是总体经济变量，特征三、特征四是关于结构变化的变量，特征五、特征六说明经济增长的国际因素。

这六个特征彼此紧密联系，且相互促进。人均产出的高增长率（特征一）产生于劳动生产率的迅速提高（特征二）。高人均产出又导致高水平的人均消费，从而刺激了生产结构的改变；同时，为了获得高生产率和适应生产结构的变化，生产规模、组织形式和企业经营方式必须发生相应变动（特征三）。当然，高人均产出也会改善劳动生产率。生产结构的变化，又迫使劳动力的配置和结构以及各职业集团的地位关系相应迅速改变，这也意味着社会的其他方面，包括家庭规模、城市化以及决定自尊和尊严的物质因素的改变（特征四）。现代经济增长的内在推动力，同运输和交通方面的技术革命相结合，从而使那些最早发展起来的国家在国际上的扩展成为不可避免的事（特征五）。但是，由于落后国家和殖民地的文化传统、制度结构和意识形态等原因，它们并没有从发达国家的国际经济扩张中得到什么好处，反而遭受帝国主义和宗主国的大量剥削（特征六）。

所有这些相互联系的增长特征，都有一个共同因素和纽带，这就是"对技术创新的大规模应用"。于是经济增长存在一种内在的自我成长趋势：经济增长—基础研究增强—技术发明与创新—经济增长。换言之，经济的迅速增长使得基础研究成为可能，而基础研究又反过来导致技术的发明与创新，而技术的发明与创新则推动了经济更进一步地增长。

（二）经济增长的阶段与经济起飞论

1. 经济增长的阶段性

（1）传统社会阶段

这一阶段的主要特点是没有现代的科学和技术；资源大多配置在农业，而不是在工业；存在一种僵硬的社会结构，阻碍着经济变革。因此社会生产率低下，人均收入低微，仅够维持生存。

（2）为起飞创造前提阶段

这个阶段包括处于转变过程中的所有社会，为起飞创造前提阶段最初出现在西欧17世纪末18世纪初。这个时期是现代科学思想开始转变为新的生产力的时期。这一时期，在经济上必须重视农业革命的重要性：既要提供更多的粮食来养活过渡阶段势必迅速增长的城市人口，还要为工业的发展提供广大的市场，更要把一大部分剩余收入用于积累，所以农业产量的增长率可能决定着向现代化过渡的程度。此外，还要把起飞阶段所必需的大笔社会经营资本积累起来。总的来说，在这一时期，发展的障碍正在被克服，但人均实际收入增长缓慢。

（3）起飞阶段

起飞阶段是传统社会进入现代社会的分水岭，是社会变化的质的飞跃。

起飞阶段的主要特征是新工业扩张迅速，利润中的大部分被再投资于新的工厂，而这些新工业又促进了城市地区和其他现代工业企业的进一步扩张。现代部门的整个扩张过程导致一部分人的收入大幅度增加，他们具有很高的储蓄率，并且把储蓄交给从事现代部门活动的人使用。新的企业家阶层在扩大，他们把扩大的投资引导到私人部门；新技术不仅在工业中扩散，而且也在农业中扩散。农业生产率革命性的变化是起飞成功的必要条件，因为社会的现代化大大增加了对农产品的需求。经过几十年的发展后，社会基本经济结构和政治结构发生了根本性的转变，使之适应于维持一个稳定的经济增长率。

（4）走向成熟阶段

起飞之后再经过五六十年的稳定增长，就可以进入一个新的阶段，即走向成熟阶段。这个阶段的主要特征是吸收和使用现代技术成果的能力大大增强。10%～20% 的国民收入用于投资，使得产出持续地超过人口的增长。随着技术的改进，新工业加速扩张，老工业衰落，经济结构不断发生变化，对外贸易越来越频繁。整个社会服从于现代高效率生产的要求，新的思想和体制代替旧的思想和体制，以支持经济的持续增长。

（5）大众高消费阶段

这个阶段的主要特点为人均收入上升到远远超过基本需要。城市人口和白领阶层所占的比例大；社会不再把现代技术的进一步扩展作为压倒一切的首要目标，而是把日益增加的资源用于社会福利和社会安全。福利国家的出现就是超越技术成熟阶段而进入大众高消费时代的一个表现。此外，越来越多的资源被引导到耐用消费品的生产和大众服务的提供上。在这一阶段，耐用消费品产业和服务业成为经济中的主导部门，小汽车在社会生活中得到普及。美国到 20世纪 50 年代完成了这一阶段。由于 20 世纪 50 年代后经济的快速增长，西欧和日本到 20 世纪 50 年代已进入这个阶段。

（6）追求生活质量阶段

这一阶段的特点是追求闲暇和娱乐，而不再把收入增长看得最重要。根据罗斯托理论，经济增长是一个直线型的概念，所有国家都遵循同样的发展道路，没有不同的选择模式。这就意味着发达国家的昨天就是后进国家的今天，发达国家的今天就是后进国家的明天。因此，发展中国家应该走先进国家曾经走过的道路，采取它们的政策和战略。但是，由于各国的历史、文化、制度和经济发展水平等千差万别，其发展道路不可能是同一模式，因此，他的理论遭到了许多批评。尽管如此，罗斯托关于经济增长阶段的划分和经济起飞概念的提出，却引起了人们的浓厚兴趣，对研究发展中国家的经济发展仍有很大的启迪作用。

2. 经济起飞

对于发展中国家而言，实现经济起飞是它们从传统社会进入现代社会的决定性阶段。所谓起飞，是指工业化初期的较短时期（20～30 年）内实现基本经济结构和生产方法的剧烈转变，在此剧变之后，经济将步入自我持续增长状态。

因此，一个国家能否实现工业化，关键在于能否实现起飞。起飞又包含双重含义，既有经济起飞，又有社会起飞。社会起飞是经济起飞的前提，要实现起飞，必须具备如下几方面的条件。

（1）科学思想条件

自然科学的进步，打破了资源瓶颈对经济增长的束缚，克服了要素生产率递减规律对经济增长的限制，从而开辟了持续增长的可能性。更重要的是，自然科学改造了人们的传统思想，调动了人们的主动性和创造性，进一步推动了科学技术的发展并扩大了持续增长的可能性。正是在这种意义上，罗斯托把牛顿科学思想看作是历史的分水岭，把它的出现作为划分传统社会和现代社会的时间界限。

（2）社会条件

起飞有赖于一大批富有创新、冒险和进取精神的企业家和全社会的创业精神。起飞前夕的社会，应该创造一些有利于企业家成长的社会环境。一是社会信念体系；二是树立以追求物质财富为荣的社会风气，鼓励更多的人从事商业活动。

（3）政治条件

第一，有一个统一的国家，以利于举国上下一致为共同目标而努力；第二，有一个致力于经济和社会现代化的政治目标；第三，有一个强有力的中央政府，发挥领导核心作用。

（4）经济条件

第一，工业是经济增长的主体，但工业增长必须要有农业作为基础，同时需要有较完善的基础设施可供使用。第二，要有较高的资本积累率。经济起飞需要大量的资本投入，因此必须扩大储蓄，提高资本投资率，使其在国民收入中所占的比重超过10%。第三，要建立能带动整个经济增长的主导部门。在起飞阶段，各个部门所处的地位和所起的作用是不一样的，其中有一个或几个部门的增长决定着其他部门的增长，在所有部门中处于支配地位，它通过联系效应带动其他部门和整个经济的增长。在历史上，纺织、食品、铁路、汽车、军事工业等都曾经做过主导部门。主导部门的建立是由经济增长的内在必然性促

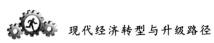

成的。因为经济增长始于技术上的进步，而技术进步又只能率先出现在某一个或某几个部门，然后扩散到其他部门。

第二章 现代经济转型的理论发展

第一节 现代经济转型的内涵

一、经济转型简介

经济转型是指一种经济运行状态转向另一种经济运行状态。经济转型其实可以分别为转型目标模式、转型初始条件、转型过程方式和转型终极条件，其中大多数人比较认可的是转型目标模式以及渐进和激进两种转型过程方式的比较，然而在转型的条件研究上还是有一些缺失。事实上，初始条件转变为终极条件是非常重要的，不同的经济运行条件必然会导致不同的运行路径依赖。当然，这不仅会造成结果上的不一样，也会对目标模式的催生产生特别重大的影响。

在研究经济转型之前，我们先来分析"转型"一词的意思。转型最初应用在数学、医学和语言学领域，后来才延伸到社会学和经济学领域。对经济转型内涵表达及研究的重点和偏向都有不一样的地方，中文文献一直以来都习惯用"改革、转型、渐进和转化"来表达"经济转型"的定义。

就经济转型的概念而言，经济转型是指一个国家或地区的经济结构和经济制度在一定时期内发生的根本变化。具体地讲，经济转型是经济体制的更新、是经济增长方式的转变、是经济结构的提升、是支柱产业的替换，是国民经济体制和结构发生的一个由量变到质变的过程。

经济转型并不是社会主义社会独一无二的现象，而是世界上任何一个国家在实现现代化的过程中都要面对和挑战的问题。就算是在市场经济体制下的西方国家，他们的经济体制和经济结构也绝对不能说是十全十美的，依旧会有各种各样的缺憾和问题。从当下的经济制度向更合理、更完美的经济制度转型，同时会面临从一种经济结构向另一种经济结构过渡的一个漫长的过程。

二、经济转型的内涵

由经济转型的发展来观察，我们不难发现，在现代社会经济的发展中，对于市场和政府两者之间职能界限没有达成一致意见。现代社会下的市场是备受公共目标影响的市场，市场在激励每个人进行创新和发现问题上具有不可磨灭的功劳。虽然市场在创新方面的作用很大，但不可忽视的是其也有缺点，即不善于解决个人与团队或组织的协同合作问题，这就造成协同合作的问题在当今社会里愈来愈成为一个大众化的现象。我们不可否认，市场的反应是十分迅速的，但也不能避免经济活动的过度波动。那么最后的结果就是市场给社会带来分化，所以社会必须得关注以及平等和公平地处理这类重要的问题。当然，怎样去处理市场和政府之间的作用失衡问题，还是现代社会暂时无法解决的问题。

国内外学者普遍认为转型就是从计划经济向市场经济的转变，同时将转轨理解为一个发生根本性变化的过程，即从国家宏观干预的社会主义计划经济向市场经济的一个转变。后社会主义转轨其实就是用市场经济来代替中央计划经济的过程。当然从某种意义上来说，转型与改革从根本上来说其实是完全不同的两个方面，当我们将市场化改革与市场经济转轨两者剥离开来看，改革的重点是调整与完善现存的制度而转轨却是改变制度基础的过程，是要通过完整的制度替换和建立新型的经济关系来代替之前的制度，研究范围和研究内容还是局限于经济方面，也就是经济转型。还有一种理论是这样理解转型的，即"转型是一个大范围的概念，不能将它仅仅简单归结为从计划经济到市场经济的转轨"。转型并不是只包括经济的转型，还包含了生活方式、文化、政治、法律制度的转型等多个方面，所以应该要多角度多维度地去理解和研究转型。其实转型不是单纯的制度变迁，它还包含以技术创新为导向的发展，并且制度规则的选择应该要与技术经济的基础相吻合。这两方面之间有着相互作用、不可分割的关系，在理论和实践中不可缺少任何一个，不可偏袒任何一个，一个完整的转型过程是由发展和制度的变迁合并而成的。转型的过程是复杂的，因而转型的概念不仅仅包括制度的变迁，还包括发展的过程。所以我们把转型定义为"大规模的演变"，也就是在相对集中的一段时期内，集中发生一系列相互影响和作用，且具有内在一致性的发展和制度上的变迁。中国经济转型其实就是中国经济发展和制度变迁的总的概括。

对于转型内涵，比较经典与广泛的定义是热若尔·罗兰的表述：转型即一种大规模的制度变迁过程或者说经济体制模式的转换。以目前国内的文献资料来看，可以从三个层面上来总结转型的内涵：第一种是从传统的社会主义方案经济向市场经济转变；第二种含义除了具有第一种含义之外，还包括了以前所实行的广泛被控制的经济向自由市场的经济转型；第三种含义就是在前两种含义的基础上，还包含了所有发展中国家促进经济市场化，实现经济发展的过程。

事实上很多人都把转型经济学看作制度经济学的一个分支，究其原因是其把转型看成了一种单纯的制度的变迁过程，仅仅只是描述了转型的一般特点。虽然不可否认的是转型的确从大方向来看是一个制度变迁的过程，但是它还有本身的特殊性，这种特殊性如果只是依靠制度变迁是不能够得到真实描述的效果的。第一种含义，即方案经济向市场经济转变。当然，后两种转型概念也没错，但关键是其不符合概念提出的历史与逻辑的一致性，更不适合建立新的独立的研究学科。对于第二种含义，放松政府对经济的管制，实行经济自由化，其实这在传统的主流经济学理论内是可以行得通的。对于第三种转型含义，现有的发展经济学已经有了与之相对应的解答与分析框架。转型（或者转轨、过渡）概念主要发源于 20 世纪上半期，全世界的社会主义国家在经济实践中遇到了困难，因而不得不去实践中摸索以得到解决经济困难的方法。

第二节　现代经济转型的理论

一、主流经济学的激进主义改革转型理论

转型经济学指的是研究怎样由方案经济向市场经济过渡的经济学科。20 世纪 90 年代以来，转型经济学发展比较迅速的主要是研究主题和追求目标具有共同性的一些理论文献，当然还有撰写这些理论文献的经济学家。现阶段，对于转型经济学理论我们可以从这些经济学家撰写的现有的理论文献中来寻找一些线索，理清一些思路和脉络。

随着研究的不断深入，一门新的学科——转型经济学应运而生，这门学科

是专门研究如何从计划经济向市场经济转型。

激进主义改革转型理论，也称为大爆炸式改革或休克疗法，它的理论基础是狭义新自由主义与现代货币主义，主张以迅速私有化、自由化为手段，来建立自由市场经济秩序，其前提条件是在原计划经济国家实行。其实在一个相对较短的时间内，在旧的经济制度上以最短的时间进行一个新的经济制度的构建，而采取的彻底推翻原有的不合时宜的旧制度，从而进行新制度搭建的方式。激进主义改革转型理论的主要创立者与拥护者包括萨克斯、里普顿、布兰查德、科尔内等。此理论曾被用于改革已经处于计划经济困境中的俄罗斯、波兰、捷克等原社会主义国家的经济秩序。

亚当·斯密的"看不见的手"理论系统化的成果是新古典经济学，以新古典经济学理论的角度来看的话，市场机制的核心思想其实是供求和价格相互作用的关系，也就是资源配置的工具。追溯到转型刚开始的时候，华盛顿共识在转型经济理论和政策研究中占据统治地位，而究其思想根源，其实是以新古典经济学为理论基础。

二、演进主义的渐进式改革转型理论

演进主义理论核心思想可概括为知识和信息是有限的，并且知识和信息的探索与获得是具有主观色彩的，对于个人来说是以分散的状态而拥有的。从这一方面来说，人类是没有办法认识和掌控世界的，最好的办法其实就是顺其自然。如果只依靠强制的措施进行大规模的改革，而不顾社会经济的发展规律，那么必然会造成社会的灾难，当然也会导致改革的失败。用一种完全不同的系统来强制，使其中断是不可取的。经济体制本身是一个具有自我强化机制的复杂系统，在演进过程中会不断汲取旧制度中的可以与现阶段社会相适应的合理因素，推陈出新，创造出适应经济规律的新改革措施。因此，走一条理性的缓慢的合理的渐进式改革之路是不容置疑的。

渐进式改革理论是先表层后深层的改革路径，在旧有制度的框架内渐进、逐步地对旧体制进行制度创新。随着改革进程的逐步深化，新制度的组成部分不断地把旧制度的组成部分置换出来。在较长的一段时间内，新旧两种制度处于一种并存及此消彼长的状态中，直至最终建立起符合市场化要求的新制度框架。渐进式改革理论主张分阶段进行，逐步到位。如果价格改革不是一步到位，而是实行了双轨价格，在放松管制和经济控制上也是逐步进行，一个行业一个行业的推进，一个地方一个地方的进行，其指导思想是"摸着石头过河"。我国的大部分经济改革采用的是渐进式改革。

三、新制度经济学转型理论

新制度经济学把企业制度、产权制度、市场制度以及国家的法律制度和意识形态等制度现象纳入经济学分析的框架之内，扩展了经济学的视野，对我们研究制度现象有重要的参考意义。根据这种理论，改革的过程本质上是在一定的条件下通过成本收益分析寻求成本最小的最优改革路径。有经济学家指出如果转型的经验给了我们任何启示的话，那便是没有以适当的制度为基础的自由化、稳定化和私有化政策，不大可能产生实际的效果。公共选择学派代表人物布坎南指出市场制度是自由交易的制度，这些制度结构是长期历史发展的产物。另外科尔内、萨克斯都提出了新制度经济学转型理论的代表性观点。

制度转型理论是新制度经济学的重要组成部分。在这一理论看来，社会主义国家经济体制改革的过程，从实质上说就是一个制度转型的过程，即以适应市场经济的制度安排取代适应计划经济的制度安排的过程。系统地分析和透视新制度经济学的制度转型理论，有助于我们更好地认识中国经济体制改革中的制度转型问题。

（一）制度转型的概念

新制度经济学的制度转型理论首先探讨了制度转型的内涵。在新制度经济学看来，社会主义"是一种主要由国家机构持有生产资料产权的经济制度系统。如何使用和分配这些产权要由中央、省或地方的政府机构来决定。为了便于实施自上而下的控制，不得不用外在设计的、主要是指令性的制度来取代市民社会中的许多内在制度，从而使中央计划代替市场的自发调节"。在这样的社会经济制度下，由于"竞争性市场的信息机制，缔约自由和私人产权的激励机制"被废除，从而导致社会主义经济"遭受巨大的动态效率损失""资本存量下降，经济绩效恶化"。面对日益严重的经济问题，社会主义国家先后开始了市场取向的经济体制改革。

（二）制度转型的特征要点

新制度经济学指出，社会主义国家实现经济制度转型是一项复杂的任务。"在这一过程中，有许多互动性变革必须以任何一个大脑都难以完全理解的方式发生。"但是，从制度经济学的立场看，构筑市场制度的基础性条件是制度转型的目标，所以，要想由计划经济向市场经济的制度转型，其要点应包含以下几个方面：1. 个人必须将自己在经济上的自由权牢牢握在自己的手里，具体包含自由出售自己劳力、技能的权利，拥有财产的权利，以及自由契约和财产所有权的恢复。2. 以前服从中央计划和政府官员指令的生产组织，必须转变为自主的和自负其责的经济实体，所有者和经营者都必须学会自负盈亏。换言之，他们必须学会在严格的预算约束下进行决策。因此，企业必须转变为独立的法人，有缔约自由，包括对所签契约负充分责任。这要求有公司法和商法的支持，也要有行政机构、司法机构的支持，为此必须培训法官和商业律师。3. 必须从根本上转变政府的作用。在制度转型的过程中，需要在理论上承认受规则约束的和有限的政府这样一项原则，并在实践中巩固它。为此，需要强有力的制度控制和可稽查性来抑制根深蒂固的代理人机会主义，法治必须适用于所有的政府主体。否则，"只要政府机构不必为自己的账单付款且凌驾于法治之上，这些本质要求就会遭到破坏"。但是"制度转型要求坚持政府的保护性职能，必须建立一个最低社会保障体系来确保起码的结果平等，这是一种对社会稳定的投资，即使它与形式公正、自由和激励有冲突，也是能够被接受的"。④在国际竞争和要素流动的国际背景下，制度转型过程和实施严格预算约束要想获得理想结果，都需要开放的推动。出国旅行的自由、了解异国他乡情况的自由、进行国际贸易的自由，都有助于向在不同制度下生活了一两代的人民传递亟需的知识。同样，必须使国际投资和支付自由化，以开辟发展更优国际劳动分工、转移生产和商务诀窍的机会，并发挥竞争的刺激作用。必须废除货币管制，从而使汇率能够反映世界市场的价格。那样，国内市场将能够被世界价格引导。

四、市场社会主义理论

市场社会主义就是以实现社会主义与市场经济的结合为目标的一种理论和

主张。社会主义国家经济体制改革的本质是实现社会主义与市场机制的结合。在理论和实践中解决社会主义与市场机制的结合问题，是决定经济体制改革前途和命运的关键因素。市场社会主义即主张完全实行市场经济的社会主义，经济方面的自由主义。市场社会主义理论的最初模式，即兰格－泰勒－勒纳模式，借助于新古典经济学的分析工具。这一理论假定市场机制仅仅是一个中性的概念，主要表现为社会主义国家中崇尚市场竞争，只利用价格机制进行干预而不直接干涉经济活动。市场社会主义取消计划经济在社会主义国家经济生活中的作用，把自由主义的原则应用于经济领域。

市场社会主义理论虽然在许多方面超越了新古典的范式，但是中性论的假定却被接受下来，因而这些理论难免会带有新古典理论的缺陷。社会主义国家经济改革的实践表明，公有制与市场经济的兼容是一项复杂的长期的任务，绝不可能一蹴而就。经过近百年的探索和实践，市场社会主义的理论与实践获得宏大的发展，市场社会主义也成为当代社会主义运动的主流和社会主义国家经济体制改革的指导思想之一。

（一）市场社会主义的基本特征

主张以市场作为资源配置的主要手段，这也是市场社会主义的主要特点。但是在多大范围、何种程度、何种方式上，不同时期、不同国家、不同学者的主张各不相同。

主张实行生产资料的原有制，市场社会主义反对生产资料私有制的存在。市场社会主义是社会主义，是因为它克服了劳动和资本的分离。在市场社会主义中，不存在一个不拥有资本的与劳动者相对立的资本家。但他们对生产资料公有的具体形式有不同的看法，如国家所有、集体所有、全民股份制等。

把资源配置形式和社会制度分离开来，把计划机制、市场机制与社会主义、资本主义分开来。他们认为，计划和市场都是资源配置的手段，与社会制度的性质是没有关系的。

（二）市场社会主义的发展阶段

市场社会主义理论的发展从二十世纪初到二十世纪末二十一世纪初大致经过了三个阶段。

1. 第一个阶段：二十世纪初至九十年代

该时期最著名的就是旅美波兰经济学家奥斯卡·兰格提出的"兰格模型"：生产资料实行公有制，但小型工、农业可保持私有；要求建立不完全的市场体系，既存在消费品市场、劳动服务市场，也存在生产资料市场、资金市场；实行国家、地方、家庭参与的多重决策体系；实行双重价格定价体系，消费品和劳动力价值通过市场来定价，而生产价值由中央计划机关采取模拟市场竞争的方法来决定。该模式虽然有明显的计划特征，但标志着市场社会主义思想的形成。

2. 第二个阶段：二十世纪五十至八十年代

有一些经济学家主张在计划经济框架内，充分发挥市场机制的作用，比如南斯拉夫经济学家组成的"市场经济学派"认为，经济的快速发展只有在市场的基础上才有可能；波兰经济学家布鲁斯提出了市场机制的计划经济模式。捷克的锡克分析了宏观、微观商品经济的不平衡，其中宏观的当由计划调节，微观的由市场调节。

3. 第三个阶段：从二十世纪八十年代到二十一世纪初

市场社会主义的主要理论有米勒的"合作制的市场社会主义"理论、罗默的"证券的市场社会主义"理论、斯韦卡特的"经济民主的市场社会主义"理论等。

五、比较主义经济学理论

这种理论从不同的经济体制中总结出若干基础的经济体制模式，在此基础上进行比较，做出最优选择，指导改革的实践。比较经济学早期着重于资本主义制度与社会主义制度之间的对比，代表人物是美国的康芒斯和英国的庇古。

二十世纪七十年代后，学者加强了对发展中国家经济发展状况和政策的系统分析。在中国改革开放的几十年里，从南斯拉夫的自治社会主义，到匈牙利新经济机制和戈尔巴乔夫的新思维，再到二十世纪九十年代东亚模式，都曾是人们心目中的理想。有比较才能有鉴别，学习和借鉴其他国家市场经济模式和市场化道路的经验教训，对于中国的经济转型起了积极的推动作用。当然比较经济学的方法也存在着根本的缺陷；第一，这一理论是经验的而非规范的，因而无法形成具有广泛指导意义的理论。第二，它把不同社会制度和不同历史环境下的经济体制简单化，因而无法深刻懂得制度变迁的复杂现实。

自二十世纪七十年代以来，在西方关于比较经济制度的研究中，比较经济学这门学科至今还没有形成一个比较完整的理论体系，这主要是由于比较经济学在研究中遇到了下述困难：

比较经济学是一个跨学科的边缘性研究领域，它不仅涉及经济学各个方面的研究，而且涉及经济学以外的其他许多学科的研究。只有对有关学科的研究取得了一定的进展，并在这些研究的基础之上进行比较经济学的研究，才能取得较为系统的成果。

比较经济学是一个十分广泛的研究领域，各种不同的经济运行方式和经济发展道路、各种不同的国民经济管理和调节手段的比较，属于宏观的比较经济学研究范围；各种不同的资源配置和收入再分配方式、各种不同条件下的厂商活动和消费行为的比较，属于微观的比较经济学研究范围；各种不同的社会文化传统及其对经济的影响、各种不同的权力分配形式和价值判断准则的比较，则又属于制度——结构的比较经济学研究范围。要从理论上把宏观的、微观的、制度——结构的比较经济学研究综合到一起，也不是一件容易的事。

比较经济学的研究要受经济学一般理论的指导，但资产阶级经济学的各个学派都有自己的一般理论，这样，一般理论上有分歧的资产阶级经济学家关于比较经济学的观点和方法很难综合到一起，难以形成一种比较完整而又具有综合性的比较经济学理论体系。

比较经济学的研究方法，目前仍存在较多的困难。其一是在国民经济核算方面，不同国家的国民生产总值和国民收入如何进行比较的问题至今并未解决。即使不同的国家以同一种核算体系（如联合国颁布的国民核算体系或经互会国家实行的物质产品平衡体系）作为依据，但由于各国经济的产品结构不同，对外经济开放程度不同，商品经济与自给经济所占比重不同等原因，以同一种核算体系为依据计算出来的各国国民收入的比较，仍是有争议的。在对各国经济中所遵循的价值判断准则、各国生活方式和福利水平进行比较时，遇到的困难就更大了。

第三节 我国经济转型问题的观点

一、对中国经济转型特征的观点研究

中国经济转型的特征表现，一是在从计划经济向市场经济过渡时期，所有制结构由单纯的公有制过渡到以公有制为主体的混合所有制经济；二是转型时期的经济运行机制主要涉及深层次的本质关系，在建设社会主义市场经济的过程中，必须建立一种计划与市场内在统一的机制，这种经济运行机制必须包括政府、市场和企业三个层次或者三个环节。

中国经济转型实际为双重转型：一是经济体制转型，即通常所说的市场化，由计划体制转向市场体制，最终建立完善的以市场机制和价格供求关系来配置经济资源的市场体制；二是社会转型，指从传统社会向现代型社会的过渡，尤其是特指当代中国从传统社会向现代社会、从农业社会向工业社会、从封闭型社会向开放型社会的社会变迁和发展的演变过程。

二、对经济转型模式的观点研究

在一个经济体中存在着不同的体制，不同体制的成长速度不同，转型的路径由协调成本的大小决定。中国的制度变迁方式将依次经过供给主导型、中间扩散型和需要主导型三个阶段，在中间扩散型制度变迁过程中，地方政府发挥着关键作用。中国改革的成功主要在于传统体制的 M 结构，在 M 型组织中，基层政府有较大的自主权，而且地区之间联系市场取向的这种结构削弱了行政控制，强化了市场活动，刺激了非国有企业的发展。

三、对经济转型成本的研究

从经济转型的推进过程来看，成本可分为设计成本、实施成本、摩擦成本、创新成本、运行成本五类。设计成本是指改革过程中由体制因素决定的"信息不完全""知识不完全""制度预期不稳定"等所造成的效率损失，具体包括签约成本、学习成本、重新签约成本等。实施成本是为搜寻、学习制度安排，为改变制度而重新签约的成本。摩擦成本是指由各种改革阻力造成的时间和物质耗费。摩擦成本是改革激进程度的增函数，与此相反，实施成本是改革激进程度的减函数。创新成本包括创新准备、体制过渡和新体制完善等三个相互关联阶段的成本。运行成本指为维护这种制度安排和制度结构所必须耗费的费用。其中变革成本又包括规划设计、组织实施的费用，清除旧制度的费用，消除变革阻力的费用，按各制度变革造成的损失，随机成本等五项内容。

四、对经济转型目标的观点研究

社会主义市场经济类型的目标选择，决定了我国是一种以市场交换协调机制为基础、以其他协调机制为补充的市场经济，而不可能是西方经济学倡导的只用市场交换一种机制协调人们利益关系的"纯粹的"市场经济。因此其目标为建立统一、开放、竞争有序的市场体系，充分发挥市场配置资源的基础性作用。建立健全规范、有序、高效率的市场竞争机制，切实转变政府职能，加强宏观体调控体系。

制定和实施合理的产业政策，引导企业投资和经营行为朝着有利于经济效益增长的方向发展。在社会主义生产管理体制下，企业不仅仅是一个追求利润最大化的微观经济实体，同时也是一个开发工人能力、维护工人利益、保护生态的社会生态经济实体，即在生产管理体制转型中顾及广大劳动者的共同利益，可以建设符合科学发展观要求的现代企业。

第四节　我国经济转型的增长"奇迹"

一、中国经济发展速度型效益的增长特征

过去，我们投资办工业企业，生产工业产品，卖向全球，我们就是世界工厂，今天我们从世界工厂转向世界市场；过去，我们处在高速增长阶段，高速增长阶段的起点是供不应求的短缺经济。这个阶段的本质特征是一个增量扩能的过程，不断增加产量、扩张产能，生产更多产品满足市场需求。当我们转入中高速增长阶段，就要从以数量扩张为主，转变为以质量提升为主的新阶段。

转型升级指的是从速度型效益转向质量型效益，从行业之间转向行业内部生产要素再配置，从引进、消化、吸收国外先进技术转向自主创新，从以工业制造业开放为主转向以服务业的全面对外开放为主。

只要经济增速达到10%以上，所有行业和企业都会获得利润，经济运行质量和效益会明显改善，相反，一旦经济增速低于8%，很多行业和企业就会出现亏损，经济运行质量和效益大幅滑坡。这种经济效益取决于增长速度本身的状况，概括为速度型效益。

从高速增长阶段转入中高速增长阶段，经济增速台阶式下降不可避免。当经济增速出现台阶式下降的时候，如果仍然是速度型效益，经济运行质量和效益台阶式下降则不可避免。所以，转型升级是指当经济增速出现台阶式下降的时候，需要让质量上一个新的台阶，从而实现从速度型效益向质量型效益转变。未来，无论是在工业生产领域、农业生产领域，还是服务业领域，都需要大幅度提高产品和服务的质量，通过质量台阶式的上升，保障经济运行的质量和效益基本稳定。

二、提高全要素生产率助力中国经济转型升级

改革开放四十多年，我国提高全要素生产率的主要方法就是行业之间生产要素的再配置。所谓行业之间的生产要素再配置，指通过改革开放让原来处于低效率部门的生产要素流入高效率部门，提高全要素生产率。我们把大量原来配置在低效率的农业农村部门的生产要素重新配置到高效率的非农业农村部门，从而提高了全要素生产率。改革开放之初，80%劳动力从事农业生产，现在这个比率已降到30%以下。原来土地产出效益很低，在城市化扩张过程中，把很多耕地拿出来盖房子，创造了更多的社会财富。

今天，行业间生产要素再配置的空间变得越来越小。农村可转移的青壮年劳动力已经不多了。所以，从这个角度讲，转型升级就是要将行业间生产要素再配置转向行业内部生产要素再配置，从而提高全要素生产率。把生产和市场向高效率企业转移和集中，提高行业集中度、竞争能力、盈利能力、创新能力以及全要素生产率。

三、努力缩小与发达国家的差距

今天，经过近四十年的快速追赶，我国产业已达到跟随、并跑与领跑并存的新阶段，所谓"跟随"是紧紧跟随世界先进水平，"并跑"是与世界先进水平处于同一起跑线，"领跑"是说有些产业已经处在全球的最前列。在这个阶段，引进、消化、吸收国外先进技术的空间大幅度缩小。我们想买的、可以买的，已经买的差不多了，剩下一些高端技术无法通过购买来实现。所以转型升级，就是从引进、消化、吸收国外先进技术转向以自主创新为主的新阶段。

未来将主要依靠科技创新，逐步改变核心技术、关键零部件受制于人的不利局面，在高附加值、高科技含量产品的生产上确立新优势，提升产业在全球价值链中的地位。这一阶段还可细分为两步：第一步，转变到以模仿式创新和商业模式创新为主的阶段；第二步，当中国越来越多的产业进入到领跑阶段后，将会转变成以前沿式创新为主的阶段。

四、改革开放的主力在于工业制造业领域

如今我国制造业通过全面对外开放，全面参与全球竞争及融入世界经济，取得了长足的发展和进步，竞争能力大幅提高。今天所谓的转型升级，指的是从以工业制造业开放为主，转向以服务业的全面对外开放为主，提高服务业领域的效率和竞争能力，也就是我们所说的全面对外开放新格局。服务业领域众多，行业之间差异明显，很多行业还具有特殊性。这些领域的开放不仅涉及对外开放问题，还涉及对内开放和改革的问题。

第五节　市场经济发展的制度基础

一、主要市场经济模式对比

（一）自由市场经济模式

自由市场经济模式以亚当·斯密的古典政治经济学理论和18世纪中期英国工业革命的实践为理论依据，主张国家对私人企业尽可能少干预，实行自由经济、自由贸易；企业高风险、高利润；强调个人自由，反对国家制定经济发展规划。

亚当·斯密的《国富论》里所讲的经济系统，或者说当年美国经济的本质，有几条很清晰并且很简单的经济原则。一是各展所长，每个人寻找自己擅长的专业，专门生产一类东西，并且把它做到最好；二是政府不干预市场交换，人们在自由市场上做买卖、交换东西，政府别管别干预；三是由自由市场连接供求双方；四是价格由竞争来决定，谁也不许定价，包括政府，价格是由竞争来决定的；五是利润来自产品价值；六是用竞争来提高品质、增加产量和压低价格。

自由竞争的市场模式有利于投资和生产力的发展，起源于英国，在美国达到巅峰。这种模式中积累的决策权主要在私人公司，它们可以自由地、最大限度地追求短期利润目标，通过金融市场获得资本；劳动者享有有限的和法律明文规定的劳动所得和社会权利；信奉个人主义和自由主义。美国模式在"经济绩效"处于世界领先地位其主要优点是：弹性很强的劳动力和产品市场，低税、激烈竞争和股东资本主义——股东对管理者施加压力，要求他们使利润达到最大化。它能充分发挥市场竞争的优势，在科技创新和必要的政府干预基础上，解决资源配置的动力问题。企业在技术、管理、产品、生产方式创新等方面，处于发达国家的最高水平。

自由市场经济不是完美无缺的。自由市场经济在理想的运行情况下假设人们都是理性的，但事实上并非如此。一个股市上的小道消息或房地产泡沫都很容易导致不理性行为。在这些情况下，政府当然需要进行一定的限制措施以防止不理性行为的危害。至于政府应该参与多少，还需要更深的研究与调研。

（二）社会市场模式

社会市场经济是一个建立在市场经济基础之上，各种理念"共容"，并不断演化、开放的经济制度。"它不是自由放任式的市场经济，而是有意识地从社会政策角度加以控制的市场经济。社会因素永远包括在市场经济之内，扩张性的高增长率的经济政策就是优良而直接见效的社会政策；不能用资本主义，而要用一个给公民重新带来自由发展的新体制取代效率低下的计划经济；这种体制应当能够显示出高度的自主权、职业选择的多样性和社会进取机会，节约而有效地利用自然资源，启动具有生产性和创新性的发展进程；在符合人的尊严的体制下实现"为了全体人民的富裕"。银行和公司间关系密切，银行以股东和放款人的双重身份对公司实行监督；追求创造高利润、利益分配平衡和较高的收入水平。国家对资本积累的直接干预程度比较小，但政治体制严格地确立了一整套劳工权利和福利措施，使得有组织的劳工拥有了一个颇有影响的市场和直接参与劳资谈判的能力。

按照救济法，所有无力自助并无法从其他方面获得救助者都有资格领取社会救济金维持生活，失业者还可得到相当于工资2、3倍的失业救济。此外，还有出色的教育和培训。但是，过大的工会势力、高税率、慷慨的失业救济和对劳动力市场及产品市场的广泛限制等导致了失业率居高不下。

社会市场经济是根据市场经济规则运行，辅以与市场规律相适应的社会政策，有意识地将社会目标纳入的经济制度，是一个各种社会目标"共容"、不断演化和开放的经济社会秩序，不应偏离"只有一种市场竞争秩序才有可能提高人民福祉和导向社会公正"的核心主张，即借助竞争秩序实现的经济增长是社会福利的基础，增长政策优先于分配政策；经济政策的主要任务是确保价格稳定与完全竞争，以建立与维护竞争秩序。

二、市场经济发展制度的内涵

市场经济体制是市场运行的具体制度安排或运行方式。市场经济是指市场对资源配置起决定性作用的经济。市场经济和计划经济相对，市场经济体制和计划经济体制相对。通常市场经济也叫市场经济体制。

（一）市场经济体制的基石——产权制度

产权制度是市场经济体制的基石，产权保护是人类文明的需要。有恒产者有恒心。根据经济学理论，产权是对经济主体财产行为权利的法律界定。市场经济是一个不同利益取向的经济主体在产权明确界定的条件下进行公平自由交易的经济系统。

在市场经济中，产权用以界定人们在交易中如何受益、如何受损以及如何补偿的行为权利。现代产权理论认为，产权的本质是一种排他性权利。在排他性权利制度中，各经济主体的权利边界是清晰的。各经济主体具有追求自身利益的权利，但要受到他人权利的约束，即人们的行为不能损害他人的权利。在这种对自己利益的最大化追求和受他人权利制约的制度规制下，经济活动趋于有序和高效。现代社会依靠有效的产权制度，可以为经济增长提供强有力的支持。产权制度才是经济体制的基本要素。产权决定激励机制和人们的行为方式，因而对经济效率产生重要作用。在产权交易中我们要注意两个方面的问题：一是有效地防止国有资产流失；二是要防止有人借机在交易中侵吞民资。

产权制度之所以是现代市场经济体制下经济制度的基本要素，是因为它从以下几个方面影响或决定着资源配置效率和经济制度效率。

第一，如果产权是界定明确的，那么交易的受益效应和受损效应在更大程度上对交易当事人发生影响，即交易当事人完全对自身行为的结果负责，从而减少交易的外部性，提高社会总福利水平。例如专利法的保护使得创新受益向发明者集中，从而给予创新活动有效的激励，并有利于社会进步。完善的产权保护制度，对稳定心理预期、增强人们的信心具有重要意义目前，中国出现民间资本固定资产投资大幅下降的现象（而且问题仍在惯性发展中），原因固然很多（可以列出多条），但有一条无论如何不可否认，即民营企业缺乏产权保护的安全感。

第二，现代产权制度是社会信用体系的基础。界定明确的、受法律保护的产权减少了经济活动中的不确定性，使经济当事人的利益预期和法律责任清晰化。现代市场经济的交易基本上都是以信用为中介的交易，诸如合同、债权债务、担保、保险、票据等交易活动。如果信用缺失，则市场交易的风险增大，欺诈、造假、失信等行为大行其道，造成交易成本上升，市场秩序混乱，经济效率下降。所以说，市场经济是信用经济，而信用体系的健全和完善是依赖于产权制度的。如果产权界定不清和缺乏保护，交易主体的权利、责任、义务缺乏法律制度的规制，交易就没有安全性可言，经济的运行效率会深受影响。

第三，现代产权制度保证了一种自由选择和公平交易的经济关系。产权明确界定保证了交易的受益效应和受损效应都由交易当事人直接承担，这就决定了交易当事人拥有自由交易的权利。交易当事人根据成本与收益的比较做出是否交易的选择。当大量的交易都在这种条件下进行时，整个社会的资源配置就会优化，并实现社会福利的增长。中国是社会主义国家，中国特色社会主义制度的生命力体现在遵循现代人类文明的基本取向，使整个社会成员都能享受"公平正义"。完善产权保护制度，恰恰是整个社会成员有都能享受"公平正义"的重要方面。这是中国特色社会主义制度的制度文明之所在。

（二）市场经济制度的特征

市场经济是由生产力发展水平和不同利益关系决定的一种经济形式，它有自身的规定性。这种规定性是不同社会经济制度下市场经济的共性或一般性。不同的社会制度条件，使市场经济的发展具有不同的特点，表现为市场经济在不同社会条件下的特殊性。

市场经济作为经济机制，它的基本特点或内在要求，就在于通过运行的自主性、平等性、竞争性和有效性来配置资源。而社会主义市场经济，即在社会主义条件下的市场经济，它强调的是在社会主义经济下发展市场经济，而不是说市场经济本身具有资本主义与社会主义性质的区分。社会主义条件下发展市场经济，必然受到社会主义基本经济制度的制约和影响，从而使社会主义市场经济呈现独特的基本特征。

1. 以公有制为主体

社会主义制度的核心在于生产资料的公有制，社会主义与市场经济的结合问题实际上是公有制与市场经济结合的问题。生产资料所有制是社会生产关系的重要基础。如果在理论上淡化公有制，在实践中不坚持公有制的主体地位，社会主义就将成为一句空话。当然在现阶段，"公有制为主体"要摒弃越大越公越纯越好的观念。

公有制经济不仅包括国有经济、集体经济，还包括混合经济中的公有成分，等等；公有制经济的主体地位，不仅要体现在数量上，更重要的是质量上具有竞争力、控制力；在所有制结构上，以公有制经济为主体，多种所有制经济长期共同发展，国有企业通过平等竞争发挥主导作用；在分配制度上，以按劳分配为主体，多种分配方式并存，效率优先，兼顾公平，以共同富裕为目标；在宏观调控上，能把当前利益与长远利益、局部利益与整体利益结合起来，更好地发挥计划与市场两种调节手段的长处、影响力和带动力。

在公有制为主体的前提下，非公有制经济也是社会主义市场经济的重要组成部分。在社会主义初级阶段，生产力发展的水平低，发展又很不平衡，客观上要求多种所有制经济共同发展。非公有制经济与市场经济有着天然的联系，如产权清晰、机制灵活、适应性强，能在经济发展中发挥重要作用。因此必须鼓励支持和引导非公有制经济有更大更健康的发展，使非公有制经济在社会主义建设中发挥更大的作用。

2. 以计划为指导

市场具有各自的优势和长处，也有各自的局限和短处。计划调节的优势范围主要在宏观领域，能有效地对经济总量进行控制，但对微观经济活动难以发挥有效的调节作用；市场调节的优势范围主要在微观领域，能有效地激发经济主体的活力，但对经济总体的平衡、宏观经济结构的调整、生态平衡和环境保护等的调节显得无能为力。

在我国社会主义市场经济的发展中，市场与计划各有其客观上的地位和作用范围，前者是基础性的，后者是全局性和方向性的。这两者在社会主义条件下必定会发生合理的关系，主要体现在以下几个方面：一是市场与计划互为补充，互为依存；二是市场以计划为指导，计划以价值规律为基础，二者相互渗透；三是微观经济活动靠市场，宏观经济活动靠计划。上述关系或关系类型，既不具有相互对立与否定的性质，也不具有先后继起性。这些关系，构成了市场与计划关系的内涵。对关系国计民生的产业，我们应加大计划调控的力度，尽可能纳入公有制的范畴：比如涉及粮食安全、金融安全、能源安全、网络安全等方面的产业，公有制应占主导地位。再比如疫苗、食盐等产业，也应由公有制占主导。对市场能实现有效调节的产业，我们可以充分发挥市场的作用，让市场去调节比如服装、珠宝、自行车等产业，就可以让市场去充分调节。对有些产业，我们也可以实行计划和市场两条腿走路方针；比如农业，我们可以一部分实行计划一部分实行市场。实行计划是为了保障粮食安全；实行市场是为了充分发挥市场激励效应。再比如教育和医疗，也可以实行计划和市场两条腿走路方针。

3. 以共同富裕为目标

达到全体人民的共同富裕是社会主义的本质所在和最基本的追求，因而也必然是社会主义市场经济的基本特征。

市场经济能够促进生产力更快发展，有利于增加财富，有利于共同富裕，同时必然带来两极分化。我国实行市场经济以来，社会贫富差距拉大，以致从某种文化的事实中，可以得出这样的结论：我国市场经济目前显现出来的功能和作用与资本主义条件下的市场经济还具有相似性。严格和彻底意义上的中国社会主义市场经济必须具有共同富裕的内在特征，并能实现它。能够实现共同富裕，是我国市场经济真正充分地成为社会主义市场经济的关键，因而它也是区别资本主义市场经济的关键所在。

要完成全体人民共同富裕的宏伟目标，必须坚持以人民为中心，在全民共享、全面共享、共建共享、渐进共享中，不断实现好、维护好、发展好最广大人民的根本利益；要紧扣新时代我国社会主要矛盾的新变化，自觉用新发展理念统领发展全局，着力破解发展不平衡不充分问题，不断满足人民日益增长的美好生活需要；要以保障和改善民生为重点，多谋民生之利、多解民生之忧，发展各项社会事业，加大收入分配调节力度，打赢脱贫攻坚战，努力补齐民生短板、促进社会公平正义；要大力弘扬"幸福都是奋斗出来的"理念，鼓励人民群众艰苦奋斗、勤劳致富、守法经营，通过自身努力创造美好幸福生活。

我国现在是社会主义制度的国家，在这个大家庭中农民是占绝大多数的，因此我国社会主义市场经济尤其要关注农民。农民作为市场主体远比其他任何市场主体都大，发展市场经济使人民共同富裕，其重点、难点和核心就是使农民逐步富裕。

从我国实际出发，使农民通过市场经济走向富裕，根本在于如下两点：坚持发展乡镇企业，使自然经济转向市场经济；以发达的交通、通讯和社会化流通体系，把浩如烟海而又分散的农民同整个国民经济联结起来。只有这样才能真正实现共同富裕的目标。

第三章 现代经济转型的技术与对外贸易

第一节 技术进步及其分类

一、技术进步的含义

根据世界知识产权组织的定义，技术是制造一种产品的系统知识。技术是指从产品研究、开发到销售整个过程中所应用的知识，即世界上所有能带来经济效益的科学知识都可定义为技术。技术进步有狭义和广义之分。狭义上的技术进步主要是指生产工艺、中间投入品以及制造技能等方面的革新和改进。从广义上讲，技术进步是指技术所涵盖的各种形式知识的积累与增进。

人们通常把科学与技术放在一起提及，但严格地说，它们是两个不同的概念。科学属于认识世界的范畴，而技术则是改造世界的手段。科学进步表示人类认识世界能力的提高，但它一般不能形成直接的生产力，技术进步则是直接与生产力的提高相联系的。技术进步在现代科学产生以前就已经存在，但是只是在现代科学产生以后它才加快了发展速度。现代科学的进步为技术进步提供了理论基础，而技术进步则把科学知识转化为直接的生产力，同时，技术进步也从多个方面为科学发展提供支持。一般而言，经济学家关心的是能够直接提高生产力的技术进步。

技术进步有三种具体表现形式：1. 给定同样的投入可以生产更多的产出，即生产率的提高；2. 现有产品质量的改进；3. 生产出全新的产品。

二、技术进步的分类

根据技术进步对资本和劳动影响程度的差异，可将技术进步区分为三类：劳动节约型技术进步、资本节约型技术进步和中性技术进步。

劳动节约型技术进步是指生产中资本生产率的增加大于劳动生产率的增加，

因此资本替代劳动。在相对价格（工资率／利率）不变的情况下，资本／劳动比率上升，由于每单位劳动现在使用更多的资本，因而这种技术进步是劳动节约型的或资本使用型的，这样达到原有的产量现在可使用较少单位的劳动和资本，但资本／劳动比率上升了。

资本节约型技术进步是指劳动生产率的提高大于资本生产率的提高。在相对价格（工资率／利率）不变的基础上，生产中的一部分资本被劳动力所替代。生产要素减少了，但不是等比例减少。资本用的更少一些，劳动用的相对多一些，或者说，每单位资本使用更多的劳动，这就是节约资本的本意。

中性技术进步是指劳动和资本的生产率同比例增加。发生中性技术进步后，资本／劳动的相对要素价格（工资率／利率）比率不变。也就是说，由于工资率／利率比率未变，生产过程中不会发生劳动替代资本（或相反）的情况，因而资本／劳动比率保持不变，所发生的只是生产原有的产量现在只需要较少的劳动和较少的资本。

由于设定的讨论前提不同，中性技术进步包含三种不同的定义：

第一种是希克斯中性技术进步，指不改变资本和劳动的边际产量之比率的技术进步，即技术变化项保持要素边际替代率不变，仅仅增加或减少由给定投入所获得的产出，此为"产出增长型"技术进步。如果技术进步使得国民收入分配变得有利于资本要素，相对于资本而言，劳动较以前变得相对充裕了。因此该技术进步被称为节约劳动型的，相反地，技术进步则为节约资本型的，收入分配朝有利于劳动者方向变化。

第二种是哈罗德中性技术进步，是指在资本—产出比不变的条件下，使得利率和工资率在国民收入中的分配比率不发生变化的技术进步。如果资本的边际产量在技术进步前后保持不变，则称该技术进步为哈罗德中性技术进步；如果资本的边际产量在技术进步之后增加（减少）了，则称该技术进步为节约劳动型（节约资本型）的。由于假定资本—产出比不变，所以哈罗德中性技术进步等同于扩大了劳动的投入。

第三种是索洛中性技术进步，是指在劳动—产出比不变的条件下，使得利润和工资在国民收入中的分配比率不发生变化的技术进步。如果劳动的边际产出在技术进步前后保持不变，则该种技术进步称为索洛中性的。

第二节 技术进步对经济增长的贡献

一、技术进步的度量方法

早期发展经济学家认为要素投入的增长是资本积累的增长是经济发展的主要源泉。然而，从二十世纪五十年代开始，许多理论研究和实证分析表明，技术进步对经济增长的贡献远比要素投入增长的贡献要大。在增长核算方法基础上，各种参数和非参数估计的计量方法大量涌现，例如随机生产函数前沿方法和数据包络分析方法等。本节将简要介绍相关的研究工作。

（一）全要素生产率与索洛余值法

索洛余值法是早期对技术进步进行测度的基本方法。它是索洛于1957年在其外生技术进步经济增长模型的基础上发展起来的。在该方法中，全要素生产率是一个重要的概念。这个概念最早是由丁伯根于1942年提出来的，它等于产量与全部要素投入量之比。之所以提出全要素生产率这个概念是因为单要素生产率只能衡量一段时期内某一特定要素投入效率的变化，而不能表示生产效率的全部变化。一般来说，资源的配置状况、技术创新的扩散程度、规模经济、管理水平、人力资源及自然资源的状况等因素也都对生产效率有着显著的影响，而这些因素却不能在单要素生产率的变化中反映出来。

（二）丹尼森的因素分析法

二十世纪六十年代后，一些经济学家认为其将余值部分全都归因于技术进步因素，排除了其他因素的影响，夸大了技术进步的作用；还有一些经济学家认为，其假定资本的投入和劳动的投入是均质的，这是不合实际的。丹尼森把索洛余值部分，称为单位投入产出的增长，以区别于要素（资本、劳动）投入的增长部分。

对索洛方法的改进之一，便是对这部分增长的解释因素进行了具体的分类分析。这一部分增长的主要源泉有资源配置的改善、规模经济效益、知识进步等因素。其中，资源配置的改善、规模经济效益可以通过实证测算求得，而所剩余的项即为知识进步及其他因素的混合贡献。

对索洛方法的改进之二，是立足于对劳动多样性的考虑，来研究劳动投入的贡献。在总量层面上把劳动区分为一百六十多种，在综合考虑了诸如年龄、性别、教育程度、职业状况等因素的基础上，对劳动投入进行了深入探讨，细化了对劳动要素在经济增长中的贡献的认识。

丹尼森的结论是经济增长的变化主要来源于劳动和资本投入扩充的变化，而并不是单位产出的变化，即索洛所说的余值项。

（三）乔根森测算法

乔根森在丹尼森的增长因素分析法的基础上提出了超越对数总量生产函数的新概念，把技术进步的测算方法提高到了一个新高度。现在，许多国家对经济增长因素的分析也大多采用乔根森的方法。

乔根森模型建立在对总量生产函数的批判和发展的基础之上。乔根森模型力图立足在各个产业部门的层面上，来分析经济增长的源泉，即在各部门层次上结合中间投入、资本投入和劳动投入的增长，来分析整个经济系统的增长。

（四）经济计量法与数据包络分析

由于增长核算法存在着较多缺陷，后人提出很多经济计量方法，以期借助各种经济计量模型和工具准确地估算出全要素生产率。

隐性变量法的基本思路是将全要素生产率视为一个隐性变量即未观测变量，从而借助状态空间模型利用极大似然估计给出全要素生产率估算。具体估算中，为了避免出现伪回归，需要进行模型设定检验包括数据平稳性检验和协整检验。由于产出、劳动力和资本存量数据的趋势成分通常是单位根过程且三者之间不存在协整关系，所以往往利用产出、劳动力和资本存量的一阶差分序列来建立回归方程。

索洛余值法和隐性变量法在估算全要素生产率时，都暗含着一个重要的假设，即认为经济资源得到了充分利用，此时全要素生产率增长就等于技术进步率。换言之，这两种方法在估算全要素生产率时，都忽略了全要素生产率增长的另一个重要组成部分能力实现改善即技术效率提升的影响。潜在产出法也称边界生产函数法，正是基于上述考虑提出的其基本思路是遵循法雷尔的思想，将经济增长归为要素投入增长、技术进步和能力实现改善（技术效率提升）三部分，全要素生产率增长就等于技术进步率与能力实现率改善之和。估算出能力实现率和技术进步率，便能给出全要素生产率增长率。

随机前沿生产函数允许技术无效的存在，并将全要素生产率的变化分解为生产可能性边界的移动和技术效率的变化。这种方法比传统的生产函数法更接近于生产和经济增长的实际情况，能够将影响全要素生产率的因素从全要素生产率的变化率中分解出来，从而更加深入地研究经济增长的源泉。

Malmquist 全要素生产率指数是基于数据包络分析模型提出的，它利用距离函数的比率来计算投入产出效率。Malmquist 全要素生产率指数方法可以利用多种投入与产出变量进行效率分析，且不需要相关的价格信息，也不需要成本最小化和利润最大化等条件，更为重要的是它将全要素生产率的变化原因分为技术变化与技术效率变化，并进一步把技术效率变化细分为纯技术效率变化与规模效率变化。

二、中国技术进步贡献的实证分析

关于技术进步对中国经济增长的贡献，国内外不少学者进行了实证研究。近年来，在中国经济增长和地区增长差异的研究中，基于面板数据的前沿技术分析成了重要分析工具。

当前，一些学者已经开始将效率问题纳入经济增长的分析中，从而将全要素生产率的增长分解为效率变化和技术进步两个部分。利用经济增长模型来测定全国或各省份的全要素生产率大小，结果表明，全要素生产率增长对我国经济增长的贡献率较低，我国经济增长主要依赖于要素投入增长是一种典型的粗放型增长。利用该方法，经济增长的全要素生产率的变化便分为技术变化、纯技术效率变化和规模效率变化三种。主要结论是中国全要素生产率是增长的，但主要是技术效率的提高，而技术进步贡献较低。

第三节　发展中国家技术进步的实现途径

一、技术进步原理：创新与扩散

（一）技术创新

1. 创新的概念及分类

创新就是建立一种新的生产函数，也就是说，把一种从来没有过的关于生产要素和生产条件的新组合引入到生产体系中去。此类新组合有以下五种基本情况：（1）引进新产品；（2）采用新技术或新的生产方法；（3）开辟新的市场；（4）控制原材料的新供应来源；（5）引入新的生产组织形式。创新与发明的区别在于，发明是为了改进设计、产品、工艺或制度而提出的思想、图纸或模型，创新则是指首次被引入商业贸易活动的那些新产品、新工艺、新制度或新设备。因此，创新是一个经济概念，而发明则是一个技术概念。研究表明，发达国家的发明与创新之间的时滞为 10 ~ 15 年。

技术创新主要可划分为四种基本类型：（1）渐进性创新指对已存在的一组产品或其生产过程的改进。（2）根本性创新指在观念上有根本性突破的创新。其特点是常常伴随产品创新、过程创新和组织创新的连锁反应，可在一段时间内引起产业结构的变化，而且这种创新是不连续的。（3）技术系统的变革指将产生深远意义的变革。它影响经济的几个部门并伴随新兴产业的出现，不仅包括渐进性的、根本性的创新，而且会有技术相互关联的创新群的出现。（4）技术——经济范式的变革不仅伴随着许多创新群的出现，而且包含着许多技术系统的变革，几乎对所有经济分支的经济决策产生影响，并改变人们的常识。其中，第三类和第四类技术创新又被统称为技术革命。

2. 技术创新的诱导因素、制度环境与政府作用

技术创新的诱导因素主要包括如下几个方面。

（1）企业家的利润动机和企业家精神

创新活动的主体是企业家，根本动机来源于其对超额经济利润的追逐。除了利润动机外，企业家精神也是企业家进行创新活动的主要动机。企业家精神主要体现在五个方面：企业家的首创精神；企业家的成功欲；企业家甘冒风险；以苦为乐的精神；企业家的精明、理智和敏捷；企业家的事业心。

（2）生产要素的稀缺性

生产要素相对价格的变化，将激励那些能更经济地利用那些价格相对昂贵的要素的发明。这也就是说，生产要素相对稀缺程度及其相对价格的变化情况决定着技术发明、创新的方向。一般认为，发展中国家由于市场不健全，价格体系扭曲，要素市场的价格变化是无法诱致出有效的技术创新的。然而，只要技术投入市场不受限制，上述假说同样适用于那些初级要素（土地和劳动）的市场交换受到禁止的经济体。只要经济活动者的行为是理性的，要素稀缺性的诱导作用在发展中国家也是有效的。

（3）技术推动与市场拉动

科学技术作为根本性的、发展着的知识基础和市场需求的结构一道，在创新活动中以一种互动的方式共同地起着重要的作用。影响市场需求的因素主要有市场的地理范围、人口数量、人均收入和收入分配格局等。相对而言，在不发达条件下，后两个因素对市场需求的影响不具有决定性的意义，而市场范围的扩张尤其是对外贸易的扩张，则会对发展中国家产生巨大的创新诱导作用。

（4）社会需求和社会资源的互动

技术发明刺激社会需求的增长，社会需求的增长导致社会资源的紧缺，面临社会资源的紧缺问题，创新活动便会受到刺激而展开。

技术创新的制度环境包括以下几个方面：①竞争条件。不存在人为的障碍阻止竞争活动的进行，垄断在经济活动中不占据主导地位。②完善的市场机制和市场体系。包括发达的金融体系、完善的信用制度和其他配套设施和环境，如市场制度、市场规模等，市场机制通过价格体系和竞争机制，不仅发挥着提供信息、经济激励和决定收入分配三大功能，而且市场随机运作过程中可以自发地培育和组织创新。③自由企业制度。一个企业是否具有创新的活力，在于其是否拥有独立法人财产、是否拥有经济自由行动的权利，以及是否有收益保障和风险承担能力。④适宜的创新环境。一个社会在政治、经济、文化和法律环境方面为企业家产生和发展提供适宜的环境和土壤，企业家阶层成为经济生活中最富有活力的群体。

（二）技术扩散与模仿

技术扩散指一项新技术的广泛应用和推广。它不仅包括对生产技术的简单获取，而且还强调技术引进方对自身技术能力的构建活动。技术扩散是在技术发明与技术创新后才发生的，并且与技术创新在市场上的推广传播过程有关，而创新则是指那些第一次被引入商业贸易活动中的新发明。比较重要的技术扩散模型有曼斯费尔德的传染病模型，斯通曼等人建立的贝叶斯学习模型及戴维的概率模型等。刺激企业采用某一项技术的社会、经济诸因素存在一个临界值，超过该临界值，企业便采用该技术创新，否则企业将仍沿用原有技术。影响企业采用新技术的刺激因素主要有企业的规模、新技术的收益、采用成本等。

从人类历史来看，技术扩散在技术进步过程中起着至关重要的作用。一项技术创新，除非得到广泛的应用和推广，否则它将不以任何物质形式影响经济。舒尔茨指出，没有扩散，创新便不可能有经济影响。从一般意义上来说，技术扩散能促使创新在更大范围内产生经济效益和社会效益，推进一个国家产业技术进步和产业结构的优化，促进国民经济的发展。

技术扩散具有外部性，即溢出效应。技术扩散的溢出效应一般有如下几种表现：1. 技术领先企业的示范效应，技术落后企业的模仿效应；2. 人力资本的流动；3. 联系效应。

模仿是指企业通过逆向工程等手段，仿制生产创新者的产品。逆向工程，又称反求工程，是指从产品入手，在广泛搜集产品信息的基础上，通过对尽可能多的国外同类产品的解体和破坏性研究，运用各种测试、分析和研究手段，反向探索该类产品的技术原理、结构机制、设计思想、制造方法和原材料特性等，从而达到由原理到制造，由结构到材料全面系统地掌握产品的设计和生产技术的目的。技术模仿在技术扩散过程中发挥着越来越大的作用。

人力资本的流动也是技术扩散溢出效应的主要形式之一。这里的流动有多层含义，既包括了人力资本的有形转移，也包括了人力资本的无形转移。前者指通过人员的流动而发生的技术溢出，后者指并不需要通过人员的流动，而只需借助于信息的流动而发生的技术溢出。在现代高科技行业中，人力资本的无形转移所产生的技术扩散作用非常显著。对发展中国家的一些研究表明，跨国企业对技术引进国的最大贡献，并不仅仅只体现在所谓的新技术、新产品的开发上，而且还体现在其对各层次员工的培训上。当受过培训的雇员由跨国公司子公司流向其他企业时，其所掌握的各种技术也随之外流，这大大地加速了发达国家的专有经营管理技术向发展中国家的扩散进程。

联系效应是指企业间不通过纯粹的市场交易而发生的技术扩散。学者们一般从外商直接投资的角度来考察这种联系效应，其基本观点是跨国公司通常拥有信息和技术上的优势。当其子公司与当地的供应商或客户发生联系时，当地厂商就有可能从跨国公司子公司先进的产品、工序或市场知识中"免费搭车"，获取溢出的先进技术，从而发生技术扩散的溢出效应。根据溢出效应作用对象的不同，联系效应可以分为前向溢出和后向溢出。前者指发生在跨国公司子公司与其产品的客户、分销商之间的溢出效应，后者指发生在跨国公司子公司与其上游产业的供应商之间的溢出效应。

开放经济条件下，通过国际贸易、外商直接投资等渠道带来的技术扩散，是发展中国家实现技术进步与经济增长的重要方式。

二、技术转移理论与发展中国家的技术引进

发展中国家的经济发展具有追赶的性质。要实现追赶任务，无论是在微观经济活动中，还是在宏观经济运作方面，发展中国家都没有可能也没有必要亦步亦趋地探索原生性的技术创新来推进本国的技术进步。在发展中国家的发展之初，技术转移与技术引进是其实现技术进步的一个主要途径。

技术转移是关于制造某种产品、应用某项工艺流程或提供某种服务所需的系统知识的转让，但不包括货物的单纯买卖或租赁。按照技术引进国所引进技术在技术移出国使用层次的不同，技术转移可分为两类：1. 垂直技术转移指将 A 国的基础科研成果转用于 B 国的应用科学中，或将 A 国的应用科研成果转用于 B 国的生产中；2. 水平转移指将 A 国已被应用于生产的新技术转用于 B 国的生产领域。

按照技术引进国对所引进技术的吸收程度的不同,技术转移又可分为: 1. 简单的技术转移指某项先进技术由 A 国转移到 B 国,而不管 B 国在采用这项技术后能否再将其复制出来;2. 技术吸收指某项先进技术由 A 国转移到 B 国后,B 国能将其复制出来,这类技术转移又被称为真正的技术扩散。

根据技术转移目的的不同,技术转移又可分为物质转移、设计转移和能力转移。物质转移的目的就是单纯地获得部件、设备、机构或包括某种技术的工厂。设计转移的目的就是获得生产某种产品的能力,该产品原来是由他方设计和开发的,这里引进方所获得的除了专业设备和机械外,还包括创建指定生产能力所需的软件转移(如设计、图纸、工艺等)。能力转移的目的不仅是获得生产能力,而且还包括采纳引进技术并使其适应当地条件,以及获得进行小规模改进以至于最终开发出新产品或新的生产程序的能力。在这三类转移中,物质转移最容易,所耗资源最少,能力转移最困难,但其生产力最高。在初期发展阶段,发展中国家主要从事物质和设计转移,但如果希望减少技术依赖,则必须要进行能力转移。

发达国家垄断着现代科学技术的绝大部分成果,发展中国家通过研究与开发活动,来独立地获取这些技术所花费的成本,比引进别国现成的同类技术所花费的成本要大得多。发展中国家如果想借助于自身的力量来获取技术进步,就只会进一步拉大与发达国家之间的差距。可见发展中国家在发展早期既无能力又无必要实行原生性创新。在这种情况下,技术引进则成为必然。但是当发展中国家工业化发展到中后期阶段之后,经济实力增强,科技力量也在增强,引进的难度加大,此时应逐渐加大原始性创新。

一些较为重要的技术转移方式有: 1. “专项”的贸易方式,如补偿贸易、来料加工、组装出口等;2. 咨询、技术贸易方式、管理协议;3. 合作生产;4. 许可证贸易;5. 交钥匙工程;6. 外商直接投资。

实践中根据所引进技术的不同,技术引进又被划分为成套生产设备引进、关键设备引进、专有技术或专利技术引进、智力引进和技术人才引进等四个层次。成套生产设备引进,尤其直接用于生产目的的组装生产线的引进是其中的最低层次,体现了早期的进口替代发展战略的思想。经济技术落后国家要想通过技术引进来不断地提高自身的技术水平，以获得独立成熟的技术开发创新能力，就需要循序渐进地提升其技术引进的层次，由初级的成套生产设备引进过渡到较高等级的后续几个阶段。

三、发展中国家的技术选择和技术提升战略

如何选择所引进的技术，是发展中国家进行技术引进活动时所面临的另一重要问题。因为并不是把发达国家的先进技术全部照搬来，就能获得相应的生产效率的增进和社会的进步。实践表明，片面、盲目地引进国外的所谓先进技术，反而造成了一些发展中国家对西方不适用技术的严重依赖，加剧了其国内两极分化、城乡对立、环境污染、生态危机等一系列社会经济问题的恶化。因此，发展中国家不应简单盲目地模仿、照搬发达国家的先进技术，而是要结合本国的具体国情对所引进技术有所选择。

一些发展经济学家认为与劳动力充裕、资本匮乏的资源结构相适应，发展中国家应优先选择和引进中间技术或适用技术。

所谓中间技术指介于初级与高级、原始与现代之间的一种技术。它具有以下特点：1. 属于劳动密集型技术，适合于小型企业，不占用过多资本，利于就业。2. 中间技术与粗糙的本土技术相比，生产率要高得多；与资本高度密集的现代工业技术相比，又要便宜得多。3. 中间技术在应用、管理和维修方面的问题都容易解决，能顺利地适应发展中国家的环境。因此，它是一种适合于在贫穷落后的发展中国家普遍推广的技术。

发展中国家应大力发展中间技术，因为这种技术有许多优点。首先，中间技术富于人性和创造性；其次，小规模生产对自然环境的危害也很小；最后，中间技术有助于解决严重的失业问题。中间技术可以在短期内提供大量的就业机会，缓解失业的压力。当然，发展中国家要想缩短与发达国家的经济和技术差距，靠中间技术是不行的。中间技术常常造成产品质量低下，并要求工人有较高的技能，生产效率难以提高。提倡中间技术不利于改变现有的国际经济秩序。

所谓适用技术是既能满足技术引进国发展经济的技术需要，又考虑到了引进国的生产要素现状、市场规模、社会文化环境、目前的技术状态以及技术的吸收创新能力等因素，能够使得引进国从中获得最大效益的那类技术。它既可

包括适用的先进技术、尖端技术，又可包括适用的中间技术或原始技术。总之，适用技术强调的不是什么具体的技术，而是技术选择和发展的战略思想。适用技术的选择应满足如下三重目标要求：1. 环境目标。适用技术应该能够节约能源，循环使用各种材料，减少环境污染，保护生态环境。2. 社会目标。适用技术应该能最大限度地满足人类的基本需要，提供富有创造性和引人入胜的工作，能与传统文化相交融，促进社会和睦，并赋予群众较大的自主权。3. 经济目标。适用技术应该能广泛提供就业机会，采用地方资源并生产地方消费品，取得较高的经济效益并促进经济平衡发展。适用技术的内涵比中间技术更加丰富、灵活，但两者的基本思想是一致的，都认为发展中国家应选择符合本国实际情况的技术。

然而在现实中，发展中国家的政府常常出于赶超先进国家的目的，采取扶持政策，鼓励企业选择资本——技术密集型技术。近几十年发展中国家经济发展的实践证明，这样的企业在自由竞争的市场中是没有自生能力的。政府为了提供政策性扶持，不得不以税收优惠、改变要素价格等方式扭曲经济环境，致使整个经济的运行效率降低。相反，选择适用技术有利于发挥比较优势，使企业更有竞争力，投资的回报率更高，储蓄的意愿也更强，更有利于经济的发展。从技术引进的角度来看，选择适用技术，所要引进的技术和现有的技术比较接近，学习成本较低，技术引进的成本也会较低，技术升级会比较顺利。

发展中国家的技术提升战略应该遵循三条原则：

第一，坚持技术引进与技术创新、技术扩散相结合。以技术引进方式为主来推进本国的技术进步，只能是发展中国家在发展之初的权宜之计，因为通过技术引进并不能从根本上使发展中国家具备独立、成熟的技术创新体系和能力，相反，只会使发展中国家产生对发达国家的技术依赖性，造成发展中国家与发达国家的技术差距的永恒化和扩大化。发展中国家只有在技术引进的同时，注重对所引进技术的二次创新及相应的技术扩散，才能逐渐摆脱对发达国家的技术依赖，构建本国的创新体系。

第二，注重自身技术能力的培养、提高，技术转移以能力转移为根本目标。一国要想获得持久、稳定的技术进步，就必须具备独立的技术创新能力。技术能力包括生产能力、投资能力和革新能力。革新能力指创新能力和将技术进行工业化生产或改造原有生产工艺的能力。通常情况下，一项新技术的技术能力的发展进程是由革新到投资，再到生产，而在技术引进的情况下，技术能力的发展过程则是由生产到投资，再到革新。因此，发展中国家要想借助于技术引进来超越技术引进阶段，达到能独立进行技术创新的目的，就必须以获取技术能力、实现能力转移为其技术引进活动的根本性目标。

第三，在技术引进的同时重视国内的研究开发工作，并以此为核心构建本国的技术进步体系。国内的研究开发工作是提升技术创新、技术进步能力的基石，是提高该国技术能力的基础。发展中国家只有在技术引进的同时注重本国自主的研究开发活动的开展，才能做到技术引进与技术创新并重，才能借助于技术引进不断促进本国技术能力的提高，并因而更好地消化吸收引进的技术。

四、发展阶段与技术进步方式的转换

发展中国家的经济发展一般要经历三个阶段：生产要素导向阶段、投资导向阶段和创新导向阶段，在不同的发展阶段，其技术进步方式是不同的。

（一）生产要素导向阶段

发展中国家在发展初期主要依赖于基本生产要素，包括国内自然资源和丰富而廉价的劳动力资源。在此阶段，产业应用的技术层次不高，产业技术属于容易取得的一般技术，这一阶段以自由贸易和技术引进为主，主要通过引进技术，加速自己的技术进步，促进产业结构升级。

（二）投资导向阶段

当发展到中期阶段时，就进入投资导向阶段。在此阶段，国家会大量投资兴建现代化、高效率和大规模生产的机器设备和厂房，努力在全球市场上取得最先进的技术，并致力于改进引进的技术，以提高更精密产业和产业环节的竞争力。引进国外先进技术的能力是突破生产要素导向阶段而迈向投资导向阶段的关键。在引进国外先进技术的同时，要大力培养专业技术人才和技术工人。在这一阶段，虽然一些产业的技术水平有可能较高，但产业的整体技术水平仍然落后于世界先进水平。由此可见，相对于生产要素导向阶段，在投资导向阶段，对于发展中国家尤其是发展中大国而言，技术进步的途径仍然主要是引进模仿，但引进的技术已经是在世界范围内较为先进的技术，并且开始在引进模仿的基础上，培养自己的技术力量，逐渐进入模仿创新阶段。在此阶段，技术引进与技术开发并重，实施适度的贸易保护，国家对资源进行重新配置，通过有选择的产业政策，打破发达国家的技术垄断，进一步提升产业结构。

（三）创新导向阶段

当达到工业化后期阶段时，技术进步就开始进入创新导向阶段，产业依赖生产要素而形成竞争优势的情形越来越少，必须以技术的自主开发为主，国家主要通过产业政策，大力发展新兴的高技术产业，加强与发达国家跨国公司的合作与交流，占领产业制高点，在产业升级过程中能够在各种压力下持续创新，将动态的比较优势与静态的比较优势结合起来，兼顾长期利益与短期利益，宏观平衡与微观效率，有效的配置资源，实现跨越式赶超。

五、中国技术进步方式与创新驱动发展

（一）实现技术进步方式的争论与现实选择

中国技术创新的实践在较长时间内一直存在着技术引进式的模仿创新和自主研发式的自主创新两种主张的争论。

主张技术引进式的模仿创新的理由如下：第一，中国仍然是一个技术后发国家，应充分发挥技术的后发优势来实现技术进步，在技术引进中，技术进步的路径演进取决于模仿的相对容易程度和相对人均知识资本存量。第二，按照要素禀赋理论，要素结构的升级必然会引起技术结构的升级和技术进步，而中国要素结构的升级还没有达到自主创新为主的技术进步形式的要求。中国目前经济发展的重点不是技术结构的升级，而是应该遵循比较优势加快要素结构升级。作为最大的发展中国家，我国的技术进步路径应该是利用技术后发优势与自主创新相结合，逐步实现技术引进到自主创新的路径转变。

主张自主研发式的自主创新的理由如下。我国目前研发资源禀赋、技术结构和发展阶段仍处于较低水平，但是我国只有加大自主创新才能在某些重点行业和领域占领技术制高点，才能不受制于发达国家的技术制约，最终实现技术

和经济的赶超。为了应对发达国家对技术的保护及技术引进的路径依赖，我国不必完全复制该技术之前的发展轨迹，可以通过开发新型产品、新型技术来获取后发优势。

其实，这两种观点看似针锋相对，但没有根本性的分歧，只是强调的程度有些差异。赞成技术引进式模仿创新的也不是说完全模仿，而是结合中国发展阶段以引进为主，待中国产业结构转变到更高阶段时，以自主创新代替模仿。支持自主研发式自主创新的也不是反对引进和模仿，而是强调在现阶段要加大自主创新力度，逐步从模仿转向自主创新，最终实现自主创新。

从长远看，我国应从技术引进式的模仿创新驱动经济发展向自主研发式的自主创新驱动经济发展转变。但从目前的发展阶段尤其是我国的区域发展不平衡的实际出发，我国应采取技术引进模仿创新和自主创新相结合的创新发展模式。

我国地区之间要素禀赋包括研发资源禀赋非均衡分布的特征，东部地区具有人力资源、资金和技术上的优势，可以按照竞争优势战略，实施自主创新为主的技术创新路径，而西部地区在不具备资金和技术优势的情况下，在一段时间内还是只能走技术引进模仿创新之路。

由于我国产业发展的不平衡性，不同产业的技术创新方式也不可能采取"一刀切"的简单做法。我国目前的产业结构中出现了传统产业和新兴产业并存的"二元"特征，面临着传统产业升级和新兴产业发展的双重压力。在传统产业方面，我国的技术相对于国外的先进技术还存在较大的差距，技术的后发优势有待发挥，所以应通过技术引进以及在此基础上的模仿创新来推动产业结构升级。但是对于新兴产业，我国与其他国家的技术几乎是同步的，所以通过加大自主创新力度完全可以在新兴产业上占领技术制高点，获得核心竞争力。

（二）向创新驱动发展转变

中国经济社会发展进入新阶段，呈现出新常态。主要特点表现在以下几点：一是从高速增长转为中高速增长；二是经济结构不断优化升级；三是从要素驱动、投资驱动转向创新驱动。因此，创新驱动发展战略应运而生，这就要求坚持走中国特色自主创新道路，以全球视野谋划和推动创新，提高原始创新、集成创新和引进消化吸收再创新能力，更加注重协同创新，并将创新作为引领发展的第一动力，科技创新与制度创新、管理创新、商业模式创新、业态创新和文化创新相结合，推动发展方式向依靠持续的知识积累、技术进步和劳动力素质提升转变，促进经济向形态更高级、分工更精细、结构更合理的阶段演进。

向创新驱动发展转变是走新型工业化道路实现可持续发展的需要。长期以来，我国经济增长主要是靠大规模的投资和资源的巨大消耗取得的，结果造成了资源能源的过度消耗、环境的严重污染和破坏。改革开放以来，我们也一直在强调重效益，转方式，为此也做过不少努力，取得了一些进展，但粗放型发展方式还没有从根本上得到转变。新型工业化道路的基本点是科技含量高、经济效益好、资源消耗低、环境污染少等。显然新型工业化道路是与集约型经济发展方式密切相关的，没有发展方式的根本性转变，就不会有新型工业化道路，也难以实现可持续发展。因此，当务之急就是加快推进经济发展方式从粗放型向集约型的根本性转变。

向创新驱动发展转变是经济结构战略性调整的需要。我国经济结构不平衡不协调的情况日益明显，如工业比重尤其是重工业比重过大而服务业比重偏小的问题，消费需求不足而过分依赖出口来拉动经济增长的问题，煤炭、钢铁、水泥、有色金属、造船等部分行业产能严重过剩的问题，城乡发展、区域发展不平衡问题等，这些不平衡不协调问题只有通过改变资本驱动型发展方式才能解决。因为这些问题的发生都与过度投资相关。过高的投资率导致消费率较低，导致消费需求的萎缩，因此不得不依靠出口来扩大需求，以刺激增长；高积累必然导致资本密集型工业尤其是重工业发展迅速，致使产业结构过度地偏向重工业，导致服务业发展的滞后。因此，转变资本驱动型发展方式就是要适度降低投资率，改变投资方向。

（三）创新驱动发展的实施路径

首先，确立创新主体系统。实施创新驱动发展战略是一项系统工程，只有确立协同合作的创新主体系统，才能统领整个战略的全面实施。在创新主体系统中，政府扮演着重要角色，起着调控、引导、协调和扶持的作用，承担服务和保障的职责，具体工作包括制定中长期科学技术发展规划，通过优惠政策和外部环境支持创新，政府采购或直接投入公共科技研发，协调各主体的关系、组织他们协同合作。企业是创新的主体，在创新链条中，企业既是创新的出发点，也是创新的落脚点，企业依靠科技进步提高产品竞争力，要向创新要效益。在创新主体中，中介机构是促进政府与企业互补的一个主体，它能推进创新的供给方和需求方互相配合，融成一个整体，是创新体系的重要组成部分，主要包括生产力促进中心、企业孵化器、咨询和评估机构、技术交易机构等。创新主体还包括研究开发机构和科研人员，它们给创新提供了源源不断的新科技，在创新实现过程中提供技术、人才支撑。所有这些组成部分，构成了一个有机的创新主体系统。

其次，搭建创新驱动平台。实施创新驱动发展战略，必须搭建创新驱动平台，通过这个重要载体集聚创新要素，充分激活各类创新资源，有效促进创新成果转化。为此要集中力量搭建三大平台：一是产业集群创新平台。通过这个平台完成创新要素的集成、协同和整合，促进创新成果外溢，并逐渐商品化、产业化和国际化，催生现代产业集群，从而带动整个地区的产业变革。二是公共服务创新平台。公共服务创新平台是以政府为主导，企业、高校、科研院所、行业协会等共同参与，依托科技中介机构建立起来的服务平台，主要为技术研究开发、技术转移、技术资源共享等提供技术性服务。三是科技创新投融资平台。在创新驱动平台中，科技创新投融资平台具有相对独立性，而且在创新过程中，资金问题一直是制约创新驱动的短板和瓶颈，由此可见，科技创新投融资平台在推动创新发展方面尤为重要，能推动科技资源与金融资源无缝对接。

最后，完善创新驱动机制。国家创新驱动系统是一项复杂的系统工程。只有不断完善创新驱动机制，才能保障系统安全、健康、稳定地运行，才能找到创新驱动战略的正确途径。创新驱动发展的效率和质量很大程度上取决于驱动机制的运行、推动、保障和提升。创新驱动机制有三个方面的内容：一是创新评价的运行机制，二是创新人才的保障机制，三是创新政策的保障机制。

（四）中国创新型国家的构建

根据实现工业化和现代化的方式的不同，世界上的国家可分为三类：资源型国家，其主要依靠自身丰富的自然资源增加国民财富；依附型国家，其主要依附于发达国家的资本、市场和技术；创新型国家，其主要依靠科技创新形成日益强大的竞争优势。作为创新型国家，应具备以下四个特征：1. 创新投入高。国家的研发投入支出占 GDP（国内生产总值）的比例一般在 2% 以上。2. 科技进步贡献率达 70% 以上。3. 自主创新能力强。国家的对外技术依存度指标通常在30% 以下。4. 创新产出高。是否拥有高效的国家创新体系是区分创新型国家与非创新型国家的主要标志。近半个多世纪以来，一些发达国家已经逐步成为创新型国家。为了在竞争中赢得主动，依靠科技创新提升国家的综合国力和核心竞争力，建立国家创新体系，走创新型国家之路，已成为世界许多国家政府的共同选择。

实现创新驱动是一个系统性的变革，要按照坚持双轮驱动、构建一个体系、推动六大转变进行布局，构建新的发展动力系统。

双轮驱动就是科技创新和体制机制创新两个轮子相互协调、持续发力。抓创新首先要抓科技创新，补短板首先要补科技创新的短板。科学发现对技术进步有决定性的引领作用，技术进步有力推动科学规律的发现。要明确支撑发展的方向和重点，加强科学探索和技术攻关，形成持续创新的系统能力。体制机制创新要调整一切不适应创新驱动发展的生产关系，统筹推进科技、经济和政府治理三方面体制机制改革，最大限度释放创新活力。

一个体系就是建设国家创新体系。要建设各类创新主体协同互动和创新要素顺畅流动、高效配置的生态系统，形成创新驱动发展的实践载体、制度安排和环境保障。明确企业、科研院所、高校、社会组织等各类创新主体功能定位，构建开放高效的创新网络，建设军民融合的国防科技协同创新平台；改进创新治理，进一步明确政府和市场分工，构建统筹配置创新资源的机制；完善激励创新的政策体系、保护创新的法律制度，构建鼓励创新的社会环境，激发全社会创新活力。

六大转变就是发展方式从以规模扩张为主导的粗放式增长向以质量效益为主导的可持续发展转变；发展要素从传统要素主导发展向创新要素主导发展转变；产业分工从价值链中低端向价值链中高端转变；创新能力从"跟跑、并跑、领跑"并存、"跟跑"为主向"并跑"、"领跑"为主转变；资源配置从以研发环节为主向产业链、创新链、资金链统筹配置转变；创新群体从以科技人员的小众为主向小众与大众创新创业互动转变。

第四节 对外贸易与经济发展的关系

一、对外贸易作用的经典解释

经济学家亚当·斯密的绝对利益理论最早论证了对外贸易对经济发展的一般利益。亚当·斯密认为，如果两个国家在某些特定商品的生产上各自占有绝对的优势，按照分工原则，两国各自从事不同商品的生产将是最有效的，两国之间的贸易将会给双方都带来利益，无论是顺差还是逆差。首先，国际分工通过自由贸易能促进各国劳动生产率的提高，从而有利于经济增长。这和国内各个生产部门内部和外部之间的专业分工是同一个道理。其次，对外贸易可以使一国的剩余产品实现其价值，从而鼓励人们去提高劳动生产率，努力提高产品的产量。最后，国际贸易还能增进消费者的利益，从而有利于经济的增长和发展。基于以上观点，亚当·斯密主张自由贸易，反对各种贸易限制。

在绝对利益理论的基础上，经济学家李嘉图提出了国际贸易的比较利益理论。李嘉图证明，即使一个国家在任何一种产品的生产上都没有绝对优势，但只要生产各种商品的相对成本与贸易伙伴并不完全一样，就一定会在某种商品的生产上占有比较优势。各国都应专业化生产本国相对成本较低的商品，这样就能通过国际贸易获得比较利益。不受干涉的自由贸易不仅使一国，而且使各国的资源都得到最有利于本国的配置，从而有利于全世界。因此他主张自由贸易模式。

要素禀赋理论则认为贸易的产生不是因为不同国家具有不同的劳动生产率，而是因为不同国家具有不同的要素禀赋。资本相对丰富的国家，资本要素相对便宜，该国就在密集使用资本要素生产的商品上成本较低，因而具有比较优势；劳动相对丰富的国家，劳动要素相对便宜，密集使用劳动要素生产的商品成本较低，具有比较优势。各国按照比较优势进行专业化生产，出口自己具有比较优势的商品，都能从贸易中获利。

按照要素禀赋理论对外贸易可以改善国内的收入分配状况，例如发展中国家原来劳动力过剩、资本短缺，因而工资水平低、利息率高,但通过扩大对外贸易、增加劳动密集型产品的产量，对劳动力的需求上升了，工资水平得到了提高，而对资本的需求则相对下降，利息率有所下降。这样国内收入分配状况就会得到改善。不仅如此，在生产要素不易在国家间流动的条件下，国际贸易作为要素流动的替代物还具有优化要素配置、促进经济增长的功能。

　　二十世纪五十年代后，主流经济学中出现了多种有关国际贸易的新观点，从产品生命周期、偏好等不同角度对国际贸易的基础和利益作出了新的阐释。

　　现代工业的突出特点是规模收益递增。从供给角度看，规模收益递增导致生产规模大的企业处于优势地位，后来者难以在价格上与之竞争。于是，生产差异产品成为企业获得对市场价格的操纵权或控制权的主要途径。从需求角度看，随着收入水平的提高，消费者对差异产品种类的需求也不断增加。供给因素和需求因素共同导致了垄断竞争的局面。然而在一国市场范围内，规模经济和垄断竞争是矛盾的，因为追求规模收益要求大批量生产同质产品，而追求差异产品要求小批量生产异质产品。解决这一矛盾的最佳途径是开展国际贸易，使批量生产的产品分布在不同国家的市场上。按照规模经济和垄断竞争贸易理论，各国之间即使不存在技术水平和要素禀赋的差异，国际贸易仍然可以存在。

　　1983 年，有经济学家又提出了国际贸易的相互倾销模型，指出各国的寡头垄断厂商会将增加的产品产量以低于本国市场价格的价格销往国外市场。尽管从表面上看，在国外市场上产品的销售价格降低了，但是从销售全部产品所获利润最大化的角度，如果这种销售不影响在本国销售的其他产品的价格，厂商所获得的总利润水平还是提高了。这种相互倾销行为所形成的国际贸易，既非源于产品成本及要素禀赋的差别，也非源于生产者和消费者对差异产品的追求。

二、贸易是否为增长的引擎

　　贸易利益的存在是毋庸置疑的，但对发展中国家来说，主流经济学家认为自由贸易不仅能带来短期的静态利益，而且具有长期的动态利益，因而贸易是增长的引擎；而一些发展经济学家则认为贸易利益在发达国家和发展中国家之间的分配不是均等的，对外贸易不利于发展中国家的长期经济增长。近些年来，一种介于上述两种观点之间的折中性观点日渐盛行，即认为对外贸易促进发展中国家的经济发展是有条件的，必须根据各国的具体情况采取恰当的贸易政策。

（一）引擎论

古典和新古典经济学家历来认为自由贸易有利于经济发展。对外贸易不仅直接促进世界生产力得到更有效的利用，还间接地通过市场扩张促进了分工发展和技术进步，从而有利于长期的经济增长。在发展的早期阶段，对外开放所带来的新观念、新事物往往能够促进技术进步并唤起企业家精神，这对经济发展的作用也是不容忽视的。

现代贸易引擎论把关注的重点转移到了发展中国家，认为发展中国家的出口增长不仅与其自身的经济增长密切相关，还取决于发达国家的经济增长速度，这两者从长期来看存在着一种稳定的关系。在现代贸易引擎论者看来，贸易起着一种把发达国家的增长动力传送给发展中国家的作用，正是在这种意义上，贸易被称为增长的引擎。

二十世纪五十年代以来，世界贸易的增长主要表现为发达国家之间工业制成品贸易的增长，而发展中国家与发达国家之间的初级产品贸易比重反而下降了，发展中国家已难以依靠发达国家对初级产品的需求来带动经济增长。贸易的引擎作用在下降，要使这个引擎维持一定的速率，必须改变其"燃料"的来源。新的"燃料"来源就是发展中国家之间的贸易。

（二）桎梏论

有学者从发展中国家的角度出发，否定了自由贸易对经济增长的引擎作用。传统的国际贸易理论所论证的贸易利益是静态的，不利于后进国家的长期发展。发展中国家的比较优势是建立在绝对劣势基础上的，集中在农产品、矿产资源等初级产品上，以至于形成了发达国家主要生产和出口制成品、发展中国家主要生产和出口初级产品的国际分工格局。与制成品相比，初级产品的附加值低，技术进步缓慢，生产率长期停滞，甚至有时表现出下降的趋势，使发展中国家的贸易条件恶化。世界市场对初级产品的需求增加得也比较缓慢，使发展中国家的出口很难扩张，出现对外贸易与国际收支逆差。从产业发展的角度看，初级产品生产部门积累资本的能力和对其他产业的带动作用比较差，使发展中国家的制造业尤其是资本和技术密集型制造业难以发展起来，于是不发达状态长期得不到改变，只能继续停留在国际分工体系的底层。因此，自由贸易非但不是经济增长的引擎，反而是发展中国家经济不发达的重要原因。要改变贸易条件不断恶化的局面，发展中国家必须采取保护主义措施和进口替代的贸易政策。

第五节 发展中国家的贸易战略与政策

一、进口替代战略

进口替代是指用本国生产的工业制成品来替代从国外进口的工业制成品。进口替代战略需要实行贸易保护政策，通过高关税或进口限额等措施排斥来自国外的竞争，建立起本国的工业体系。可见，进口替代战略是一种内向型的工业化战略。

进口替代一般要经过两个阶段：第一个阶段，先建立和发展一批最终消费品工业，如食品、服装、家电制造业以及相关的纺织、皮革、木材工业等，以求用国内生产的消费品替代进口品。这些商品具有广阔的国内市场需求，而且生产技术比较简单，生产规模比较小，主要使用非熟练劳动力，适合发展中国家在工业化初期的条件。随着这些产业的发展，学习效应使这些商品的生产成本逐渐降低，而且带来有利于经济进一步发展的外部效应，如培训了一批劳动力，培养了企业家精神，传播了生产和管理技术，等等。当国内生产的消费品能够替代进口商品满足国内市场需求时，就进入第二个阶段。第二个阶段，进口替代由消费品的生产转向国内短缺的资本品和中间产品的生产，如机器制造、石油加工、钢铁工业等资本密集型工业。经过这两个阶段的发展，进口替代工业日趋成熟，为全面的工业化奠定了基础。

进口替代战略是在二十世纪五六十年代提出来的。支持者认为实行进口替代战略有利于减少进口，节约外汇，平衡国际收支；发展本国优质工业，实现工业化，减少对发达国家的依附；发展现代工业，吸收农村剩余劳动力，改变二元经济结构，等等。

发展进口替代工业可以采取多种形式，如国家投资、私人投资、引进外资、合资、合作、建立经济特区等。对进口替代工业的保护措施主要有如下几种：第一，关税保护，即对最终消费品的进口征收高关税，对生产最终消费品所需的资本品和中间产品的进口征收低关税或免征关税；第二，进口配额，即限制各类商品的进口数量，以减少非必需品的进口；并保证国家扶植的工业企业能够得到进口的资本品和中间产品，降低它们的生产成本；第三，使本国的货币升值，以降低进口商品的成本，减轻外汇不足的压力；第四，进行外汇控制和配给，以控制进口总量，并配合进口配额制度；第五，其他保护措施，如资本、技术、价格、税收等方面的优惠政策。

关税保护和进口配额是进口替代战略中最主要的保护措施。按照主流经济学的观点，任何对自由贸易的干预都会降低资源配置的效率，导致社会福利的损失。

第一，进口替代工业缺乏活力，经济效率低。企业在严密的保护措施下丧失了降低成本、提高效率的动机，缺乏竞争意识，经营管理水平低，产品价格高，只能继续依赖政府的保护。许多发展中国家进口替代工业所需的资本品和中间产品是从国外进口的，对国内产业发展和经济增长的带动效应不大。

第二，进口替代不利于出口发展，造成国际收支恶化。高估本币是为了扩大投入品的进口，但同时也提高了本国出口品的价格，阻碍了传统初级产品的出口，外汇短缺日益严重。随着国内工业规模的扩大，需要进口越来越多的资本品和中间产品，进口替代战略难以为继。

第三，进口替代不利于解决发展中国家的失业问题。大多数发展中国家劳动力充裕而资本缺乏，但进口替代工业使用的是从国外进口的节约劳动型的机器、设备和技术，生产中的资本密集程度不断提高，提供的就业机会十分有限。

第四，进口替代加剧了发展中国家经济和社会发展的不均衡。高估本币使农产品出口受阻，农民的收入水平下降，农民的处境长期得不到改善，国内对工业品的需求也因此而受到抑制。进口替代工业集中于城市地区，成为传统经济中的"孤岛"，致使城乡差距不断扩大。受政府扶植的少数工业部门享受各种优惠政策，造成部门之间的发展不平衡，劳动力收入水平的差距大。

二、出口促进战略

随着进口替代战略暴露出越来越多的缺陷，一些国家和地区开始转向更加开放的贸易战略。一些拉美国家采取了鼓励出口与国内生产并举的政策，对出口企业给予补贴。但出口企业所使用的投入品仍然是由国内进口替代工业企业在保护政策下生产出来的，出口补贴的刺激相对来说小于国内市场保护带来的利益，因此总体来看这些国家还是倾向于进口替代战略。一些亚洲国家和地区在经过一段时间的进口替代工业化过渡后，不遗余力地采取了出口促进战略。

出口促进战略一般也要经历两个阶段：第一个阶段，以轻工业产品出口替代初级产品出口，主要发展劳动密集型工业，如食品、服装、纺织品、一般家用电器制造业等。这类商品的生产技术比较简单，投入要素较易获得，在国际市场上有一定的需求容量，容易起步发展。第二阶段，随着生产规模的扩大和国际市场环境的变化，以重化工业产品出口替代轻工业产品出口，致力于发展资本密集型和技术密集型工业，如机械、电子、石油化工等行业。此后，极少数发展中国家和地区着手建立知识和信息密集型高科技工业，力图在高科技工业产品的世界出口贸易中占据一席之地。

出口促进战略的实施过程实际上是一个利用本国的比较优势发展相关产业，并根据比较优势的变化而及时进行产业升级换代的过程。在第一个阶段，发展中国家可以利用本国劳动成本低的优势，通过扩大劳动密集型产品出口来增加外汇收入，带动经济增长，增加就业。与国际市场的密切联系还有利于发展中国家引进和吸收新技术、新观念，提升人力资源素质，为进一步工业化奠定基础。随着收入水平的提高，劳动力成本也将上升，劳动力优势丧失，但经过前一个阶段的发展，已经具备了一定的资本和技术基础，此时应及时实施产业调整政策，鼓励资本和技术密集型工业的发展。在出口促进战略下，国际竞争压力对国内企业形成了有效的激励，国内企业必须不断提高生产效率、改善管理、开发新技术、培训员工，才能在激烈的国际竞争中求得生存，这使得整个经济充满活力。

实施出口促进战略也需要一定的贸易保护、补贴和汇率政策。第一，对出口企业给予优惠，如税收减免、低息贷款、补贴等；第二，对出口企业需从国外进口的资本品、中间产品和技术专利等实行减免税，放宽进口配额；第三，使本国货币贬值，以降低本国出口商品以外币计算的价格，增强其在国际市场上的竞争力。有些国家或地区的政府还对出口业绩最好的企业给予奖励，使企业之间形成一种竞赛关系，推动出口增长。

出口促进战略虽然有不少优点，但也存在许多问题。

第一，这种战略受到国际市场的极大限制。迄今为止，国际市场对劳动密集型工业品的需求有限，随着更多的发展中国家采取外向型贸易战略，各国之间的竞争日趋激烈。发达国家的贸易保护主义政策使发展中国家的出口扩张面临着巨大的困难，单靠出口增加也难以带动经济全面、持续发展。

第二，实行出口促进战略。国内经济容易受到外部经济冲击的影响，如汇率、利率、贸易条件、债务条件的变动，国际游资的袭击等。发展中国家的经济实力比较薄弱，市场体系不够发达，监督和管理制度也不健全，缺乏抵御外部经济冲击的能力，一旦危机发生，会对经济发展产生非常严重的不利影响。

第三，出口促进战略也需要实行一些保护措施。这些保护措施会扭曲市场价格体系，降低资源配置效率，比如，金融体系的功能本应是使资本流向投资回报率最高的地方，但为了服务于出口促进战略，资本被强制流向出口企业，而且贷款利息被人为压低，整个金融体系被扭曲了。此外，大量的补贴和税收优惠必然加重政府的财政负担，不利于其他部门的发展。因此，出口促进战略的一个不利后果就是容易引起产业发展失衡，形成畸形的经济结构。

三、进口替代战略和出口促进战略的比较

在过去几十年中，发展经济学家和发展中国家对贸易战略的看法发生了戏剧性的转变。二十世纪五六十年代，进口替代战略盛行。

从根本上说，两种与贸易相关的发展战略之间的区别在于进口替代战略的倡导者认为，发展中国家应当在高关税和进口配额的保护下，首先进行对以前进口的简单消费品的国内替代生产（第一阶段进口替代）；其次进行范围广泛的更复杂的制成品的国内替代生产（第二阶段进口替代）；最后从长期来看，进口替代战略的倡导者具有双重目标：一是国内产业的多样化（平衡增长），二是通过规模经济、低劳动成本和干中学，使原来受保护的国内制造业取得出口的竞争优势。与之相反，出口促进战略的倡导者强调从自由贸易和竞争中获

得效率和增长，强调更大的世界市场取代狭小的国内市场的重要性，强调保护所引起的价格和成本扭曲以及东亚出口导向经济大量的成功经验。

在实际中，进口替代战略与出口促进战略的区别，并不像理论倡导者所说的那样巨大。大多数发展中国家都曾经在不同时期采用过不同的战略，进口替代战略虽然有很多缺陷，但也曾在许多国家的经济发展过程中起到重要作用。要在较短时期内建立起国内工业的雏形，奠定进一步工业化的基础，内向型发展阶段是必不可少的。近几十年来，几乎所有经济高速增长的国家（或地区）的出口占 GDP 的比重都不断上升，但这真的足以证明出口促进战略的优越性吗？罗德里克分析了包括东亚在内的多个发展中国家的投资、出口与增长情况，认为最终推动经济增长的还是国内投资，而不是出口贸易。

可见，这两种贸易战略并没有绝对的优劣之分，关键是各个发展中国家如何选择适合本国国情和目前国际环境的贸易战略。

第六节 经济全球化与发展中国家的应对

一、经济全球化的主要内容和特征

全球化一般是指资本、商品、服务、劳动、信息以及人才超越国界，在全球范围内进行扩散的现象。全球化有四大支柱：市场经济是全球化的本质动力、跨国公司是全球化的急先锋、资本流动是全球化的载体、高新技术是全球化的助推器。

以贸易推动市场全球化。国际贸易既是全球范围内首先实现多边协议的领域，又是经济全球化的根本推动力量。以商品贸易为主的格局正在被打破，服务贸易已超过总额的 20%；发达国家的经济占主导地位，但发展中国家已成为新的增长源；跨国公司和直接投资正在重组国际贸易，70% 以上的国际贸易发生在产业内或跨国公司内部。随着各国在经济、贸易与金融领域的相互联系和相互依存程度不断加深，发达国家和发展中国家市场开放的幅度均在不同程度上日益扩大。

伴随金融自由化的资本全球化。当今世界，由于金融自由化、国际化的趋势在不断加强，各国纷纷逐步放宽对金融业的限制，取消外汇管制，扩大金融市场开放的范围。生产要素在全球范围内流动和配置，引起资本在国家间大规模流动，促进了国际金融市场的发展，为广大企业筹资融资从事跨国生产和经营提供了极大的便利，也使国际游资通过国际金融市场套利成为可能。

以跨国公司为主角的生产全球化。随着以产品专业化、零部件专业化、工艺专业化为主要内容的部门内与部门间国际分工日益深入发展，国家之间工业生产过程中的协调和联合趋势加强，形成了世界范围内新的生产体系，以企业内部分工国际化为特征的跨国公司得到了蓬勃发展。企业生产活动的空间扩及全球，形成了数以万计的跨国公司群体，这些公司的足迹遍及世界各个角落，推动了全球生产体系的形成，大大促进了世界经济的发展。

国际经济组织发挥巨大作用。要解决贸易、金融和投资的全球化问题，在相当程度上依赖于全球性的机制安排。目前，国际货币基金组织、国际复兴开发银行（世界银行）和世界贸易组织，在全球经济活动方面提供了组织基础和法律框架，在推动贸易投资自由化中的作用重大。当代的贸易自由化主要由两股力量推动：一是区域性贸易自由化协定；二是世界贸易组织的运行对形成一个全球性的商品和劳务市场起到了关键性的作用。在这个规范化和法制化框架的约束和指导下，国际贸易将实现更高水平的自由化，并加强国际协调和有效的规范管理，而多层次、多领域的贸易自由化又会促进全球市场规模的扩大和国际投资与贸易的发展。

二、经济全球化对发展中国家的积极影响

经济全球化为世界各国提供了难得的发展机遇。发展中国家可以充分利用后发性优势，广泛吸引外资，引进先进技术和设备，学习先进的管理经验，培养高素质的管理人才，发挥比较优势，开拓国际市场，促进国家经济实力的增长。

经济全球化加速了国际资本流动，外资可以弥补国内资金的不足。经济全球化加速了技术转让和产业结构调整的过程，世界产业结构不断升级和调整，有利于发展中国家引进先进技术和设备，实现技术发展的跨越、产业结构的升级与外贸结构的优化，从而缩小与发达国家的技术差距。经济全球化也有利于发展中国家学习先进的管理经验，培养高素质的管理人才。一些最不发达国家

还可以利用全球化过程中科技扩散、产业结构转移的机会，消除贫困，为摆脱不发达状态创造条件。

经济全球化促进了发展中国家跨国公司的发展，使其在世界市场中的竞争力逐渐增强。发展中国家跨国公司广泛兴起于 20 世纪 80 年代以后，其发展极不平衡，有的刚刚起步，有的则发展较快，开始参与国际市场的竞争。但是目前的发展水平较低，主要表现是投资规模普遍较小、生产规模不大、产品技术含量低。经济全球化的发展，有利于发展中国家的跨国公司抓住机遇，在更广泛的领域内积极参与国际市场竞争，并不断向纵深方向发展。

经济全球化有利于发展中国家发挥比较优势，发展对外贸易。经济全球化的发展、贸易自由化程度的提高、范围的扩大、贸易壁垒的不断下降，有利于发展中国家开拓国际市场、发展对外贸易。发展中国家拥有较为丰富的劳动力资源、基础原材料资源和市场优势，可以发挥比较优势，扬长避短，使技术资源不足、经济发展水平低的发展中国家从经济全球化中获得好处。同时，发展中国家为了适应经济全球化的需要，必须根据国内外的市场需要，不断调整产业结构，生产适销对路的出口商品。

三、经济全球化对发展中国家经济的不利影响

全球化也带来了不利因素和风险。由于经济和科技水平的相对落后，发展中国家在全球化进程中总体上处于不利地位，不仅面临着发达国家经济和技术优势的巨大压力，而且给国家经济安全带来风险，甚至影响到一个国家的稳定。

首先表现为发达国家与发展中国家之间的差距继续扩大。这是因为随着产业结构在国际范围内的调整，发达国家利用技术垄断优势和技术梯度差异，把不是最先进的技术或者过时的技术和产品生产向发展中国家转移，造成发展中国家对发达国家技术依赖的加深，形成了国际分工中新的依赖关系。

其次，发展中国家的主要产业乃至整个经济命脉，有可能被跨国公司和国际经济组织控制。跨国公司从全球范围内来规划自己的生产和销售活动，其投资目的并不在于促进东道国的出口，是否出口要从它们的全球目标着眼，而不是遵从东道国的意愿，这就会在一定程度上不利于发展中国家的出口。

再次，发展中国家的经济安全受到威胁。发展中国家由于经济实力比较弱，

立法不健全且执法不严，金融领域至今没有一套行之有效的管理制度，为投机提供了方便之门，容易受到金融市场冲击，甚至可能导致金融危机。

最后，发展中国家生态环境和可持续发展的矛盾日益尖锐。广大发展中国家除继续作为原材料、初级产品的供应者外，还成为越来越多的工业制成品的生产基地，自然环境也受到污染，生态平衡遭到破坏，造成资源的严重浪费。

总之，经济全球化对发展中国家来说，影响既有其积极的一面，也有其消极的一面，是一把收益与风险并存的双刃剑。全球化是任何国家都无法回避和扭转的大趋势。参与全球化，是发展中国家后来居上的必由之路。

四、重建国际经济新秩序

国际经济秩序是指国际范围内各种类型的国家之间的经济关系，以及全部国家经济体系与制度的总和。不同的时代有着不同的国际经济秩序，但它的基础总是当时的基本国际经济关系。现存的国际经济秩序主要涉及南北关系，在这个关系中，发展中国家的地位在上升，但仍然处于不平等的地位，南方对北方有着一定的依附性，发达国家希望发展中国家的经济能够有一定程度的发展，但又希望发展中国家的经济能够服务于发达国家经济的增长，因此又对其经济进行不平等的控制。

面对经济全球化趋势，发展中国家与发达国家都认识到重新建立双方都可以接受的国际经济新秩序非常必要，有着重要的意义。因此，必须对现有的国际经济秩序进行调整和改革，建立公正、合理的国际经济新秩序。人类需要共赢的、平等的、共存的全球化。

国际经济新秩序需要各国之间相互协调，制定规则，对各自的行为加以规范，以此来约束参与者的行为。这就必须增强国际经济组织的协调功能。世界贸易组织取代关税及贸易总协定，标志着世界市场进入了统一化、法治化、秩序化的新阶段。现在全球贸易总额中90%以上是在以世界贸易组织为代表的多边贸易体系内完成的。这表明世界各经济主体在全球性"游戏规则"的指导和制约下，进一步相互参与、相互渗透、相互融合，一个新的世界统一大市场正在加速形成之中。但是，在世界贸易组织举行的新一轮贸易自由化多边谈判中，发达国家主张将谈判的重点逐步从边境措施转向国内立法，从贸易壁垒转向市场壁垒，从贸易自由化转向生产要素自由流动，从贸易问题转向技术标准、环保标准、劳工标准等经济社会政策问题。发展中国家必须进行必要的斗争，维护自己的合理正当利益。

当然，新的南北关系和秩序，最终取决于经济实力的对比。因此，发展中国家必须抓紧全球化机遇，发展自身经济，按国际规则和惯例办事，加入国际组织，融入国际社会。

建立国际经济新秩序是个长期的过程，当前要尽快建立有利于稳定全球经济的新规则和新机构，加强国际金融监管，因势利导，兴利除弊。在这方面，发达国家和发展中国家都负有不可推卸的责任。

五、比较优势阶梯与保护性出口促进战略

目前国际经济形势变幻莫测，在这样的经济背景下，何种贸易战略可以有效地推进经济发展？如何在国内稳定增长的同时，参与国际竞争，实现内部均衡与外部均衡的互相促进？经验表明，许多成功的东亚国家实际上追寻的是一种以保护幼稚产业为基础的、出口导向的综合性战略，而不仅仅是通常人们设想的那种静止的、以比较优势为基础的出口促进战略。

（一）利用国际产品生命周期攀登比较优势阶梯

产品生命周期理论最早是由雷蒙德·弗农于1966年提出的。根据这一理论，凡制成品都有一个生命周期。在这一生命周期中，产品的创新国在开始时出口这种新产品，但随着产品的成熟和标准化，创新国逐渐丧失了优势，最后变成这种产品的进口国。产品生命周期分为引入期、成长期、成熟期、销售下降期和衰退期五个阶段。在第一阶段，发达国家的厂商创新一种新产品，并开始在国内生产和销售，创新厂商对这种产品具有技术垄断优势。随着厂商生产和国内需求的扩张，厂商取得规模经济优势，开始向其他具有相似收入水平的国家出口这种产品，开始产品生命周期的第二阶段。当进入产品生命周期的第三阶段时，产品在国外较为普及，产品的销售收入也增加到最高点。对产品大量的国外需求，引起其他发达国家的企业家和公司开始进入这一产品的生产和销售市场，与产品创新国在第三市场开展竞争。随着国外市场竞争的激化，产品创

新国开始在劳动成本较低的国家进行直接投资，建立生产设施。当第一批国外竞争者成长壮大，能够以更低的成本生产时，产品生产趋于标准化，进入产品生命周期的第四阶段。在产品生命周期的第五阶段，产品变得如此普及，以至于产品生产不需要熟练劳动和高技术，劳动成本成为决定产品成本的主要因素，从而发展中国家具有生产该产品的竞争优势，技术优势被劳动成本优势取代，比较优势发生变化，产品开始由发展中国家向原创新国出口，原创新国则变成该产品的净进口者，产品生命周期结束。

产品生命周期理论对二十世纪五十年代后的制成品贸易模式和国际直接投资做出了令人信服的解释，它考虑了比较优势的变化，对发展中国家利用直接投资和劳动成本优势发展制造业生产，具有重要的意义。落后国家开始时进口一种创新产品，然后在国内进行该产品的进口替代生产；随着进口替代生产效率的提高，落后国家就可以获得这种已经成熟的产品生产的比较优势，从而变成这种产品的出口国。

（二）保护性出口促进战略

把保护主义政策融入出口导向型战略，作为出口导向型战略的有机组成部分，采取保护性出口促进战略，是一种有意义的新型贸易战略。

从概念上讲，一个社会的经济可以分为三个部门：出口部门、进口部门和非外贸的国内部门。由于贸易政策不仅影响两个外贸部门间的相对价格，而且影响外贸部门与国内部门之间的相对价格，因此，在三部门框架下定义贸易战略，就显得更为恰当。

对于多数发展中国家，出口促进战略意味着扩张其具有典型比较优势的初级品产业或低附加值的半加工业，而进口替代战略却对技术较先进的加工业部门给予更大优惠。那么，保护性出口促进战略结合了进口替代战略的行业导向与出口促进战略的市场导向，即以进口竞争产业为主导产业，以培养出口能力为发展目标，努力在资源配置最优化与促进适意的结构变化和开发未来的战略资源这两种需要之间达成平衡。其新意不在于采取何种前所未有的刺激措施，而在于它在出口促进和进口替代两套刺激体系之间进行了协调，从而更大限度地推动了生产、出口和经济增长。

当然，值得注意的是，这种新型战略绝不是出口促进与进口替代板块式的拼接，而应当是两者的有机结合。对这种新型战略的不恰当运用，是有着经验教训的。例如，阿根廷政府曾试图在鼓励进口替代和出口促进方面有所作为，但政策措施缺乏协调，结果造成经济停滞、实际有效汇率与国际收支状况不断恶化，直到1987年仍被世界银行列为强烈内向型国家。

改革开放以来，促进出口逐渐引起理论界和实践界的重视。我国加入世界贸易组织后，加快融入国际分工体系和全球生产体系，但总体上处于国际价值链的低端，出口仍以附加值不高的初级加工品为主，具有国际竞争力的制造品不多；此外，发达国家新保护主义盛行，贸易大战频繁，如果单纯依赖市场潜力受限的出口，增长动力显然不足。因此，面对经济全球化新形势，我们必须正确制定贸易战略，尝试保护性出口促进战略，同时关注国内、国际两个市场，兼顾进口替代和出口促进两个刺激体系，并保持较强的灵活性，推动经济贸易良性发展。

第四章 市场经济的转型与升级

第一节 市场经济的决定性作用

一、我国"市场经济决定性作用"的主要特征

（一）从"计划"走向"市场"

经济体制改革是全面深化改革的重点，核心问题是处理好政府和市场的关系，使市场在资源配置中起决定性作用和更好发挥政府作用。由"基础性作用"改为"决定性作用"，说明市场化将成为新一轮改革的基调，显示市场化改革将进一步深入，表明我国市场化改革将更加全面更加深入，体现出中国坚持社会主义市场经济改革方向的坚决态度。

实践经验告诉我们：市场在资源配置中作用的大小，政府与市场关系处理的正确与否，是关系到我国经济体制改革成败的关键环节。但是市场在资源配置中的决定性作用究竟要如何体现？

在行政体制方面提出要切实转变政府职能，深化行政体制改革。今后我们要坚持以市场化改革为重点，深化行政体制改革，转变经济管理模式，建立公平开放透明的市场规则。

在价格改革领域提出完善主要由市场决定价格的机制，这就包括了资源价格、金融价格、土地价格等各个领域的市场化。尽管我国已初步建立了一个较为完整的市场体系，但这个体系还远不完善，在许多领域特别是在一些资源品方面还存在着严格的行政管制，价格扭曲的问题仍比较突出。今后的改革既要在价格垄断领域打破垄断，实现价格由市场来决定，又要完善现有的价格决定机制，提高市场效率，合理确定市场价格。通过改革，实现利用合理的市场价格机制来配置资源，从而提高资源配置效率，进一步促进经济发展。

在土地改革方面提出要建立城乡统一的建设用地市场，破解城乡二元土地制度，以及赋予农民更多的财产权利。这意味着今后城市和农村土地有同等权力，农民所拥有的土地、房屋的权利将被确认。一方面可以使农村土地通过市场进行交易，不仅规范了对农村土地的征用，也可以提高对被征地农民的补偿和保障水平，另一方面，通过建立完善的城乡用地市场，可以充分发挥市场在土地资源配置中的作用，提高土地配置效率，稳定房地产市场。

　　在金融市场领域提出要完善金融市场体系，促进国际国内要素有序自由流动，构建开放型经济新体制。首先要完善金融市场，例如发展民营金融机构和非银行金融机构、完善金融价格市场化等，然后要推动资本项目的开放。金融市场体系与金融改革密切相关，金融改革的实质就是实现金融资源市场化，让市场发挥作用，解决金融资源供给与需求的错配关系，提高金融资源的利用效率。因此对于金融市场体系的建设可以包括以下几个方面：第一，要形成以市场为主导的金融产品定价机制；第二，要建立多层次的资本市场，放宽民间资本的投资准入门槛，全面打破垄断，大力发展民间金融机构以及保险、信托、期货、基金等非银行金融机构；第三，要逐步推进人民币资本项目可兑换以及增强人民币汇率的弹性，推进利率市场化，实现人民币的国际化。

　　市场的发展能够激发中国经济增长的潜力，解决现有的一些经济发展障碍，对提升资源配置效率和社会经济活力等方面都有重要的作用。但是中国是一个社会主义国家，我们要发展的是社会主义市场经济，并且我国经济社会发展水平与发达国家仍有较大差距，这就要求我们在推进市场化进程中要结合中国实际，不能照搬西方模式，也不能过分地高估市场的作用，寄希望于市场解决当前中国经济的所有问题。在改革中，一方面，我们要借鉴国外的成功经验，在更大范围、更广深度上推行市场化，另一方面，要结合我国的实际，保持国有经济的地位，以及恰当的行政干预，建设中国特色的社会主义市场经济，即以市场为主体，以政府为辅助的社会主义市场经济。充分发挥市场在资源配置中的决定性作用，绝不是说政府无所作为，而是应坚持有所为、有所不为，着力提高宏观调控和科学管理的水平。宏观调控的手段和方式多种多样，除了传统的财政政策、金融政策、投资政策、消费政策等，还有宏观规划、收入分配、社会游说、行业自律、技术标准等。无论是传统的还是其他宏观调控手段，重点在于保障经济稳定增长，完善基本公共服务均等化，建立新型的收入分配制度，提高人们的生活水平和全社会的福利水平。

发挥政府宏观调控作用就要求进一步转变政府职能和提高透明度。政府宏观调控应当从当前无所不包、无所不管的状态中解放出来，健全科学的宏观管理体制与方法，改革计划、投资、财政、金融等专业职能部门的管理体制，将非政府职能转移到行业组织等市场中介机构。政府的职能主要是统筹规划、制定政策、组织协调、提供服务、监管市场。

许多市场经济国家普遍是"小政府大市场"。"小政府"是指进一步明晰政府职能，不缺位、不错位、不越位。"大市场"是指提高透明度，既能够促进政府部门完善服务职能，也能够引导生产者和消费者的市场行为，保障行业协会等市场中介组织有效运转，最终有效地发挥政府宏观调控作用。一个发展成功的国家必然是以市场经济为基础，再加上一个有为的政府。在传统市场经济体系下，政府和市场分别扮演着看得见与看不见的手，前者主要提供发展环境、公共产品与服务，后者则主要进行资源配置。处理好政府和市场的关系，就是要使二者各司其职、各负其责，让"两只手"形成合力。倘若政府管理职能太大，便会在无形中压制市场的活力，而通过减少管制和审批，"小政府"则更会提升社会效率。调整政府与市场的关系，实际上是将政府权力向社会让渡的放权运动，这就不可避免地触及此前过大管理权之下的部门利益。在少数地方，此类部门利益甚至通过部门立法方式固化，因此变得愈加不可撼动。恰缘于此，也可预见此种放权改革将"触及灵魂"。从这个角度来说，重塑政府与市场的关系尤其需要顶层的制度纠偏，以及大力推进改革的勇气。改革未有穷期，中国还在路上。政府与市场的关系是经济体制改革的核心问题，让经济体制激发更大的市场活力，进而惠及所有国民，在过往的改革中我们已多次践行，此次不会例外。

市场经济（又称为自由市场经济或自由企业经济）是一种经济体系，在这种体系下产品和服务的生产及销售完全由自由市场的自由价格机制引导，而不是像计划经济一般由国家引导。市场经济也被用作资本主义的同义词。在市场经济里并没有一个中央协调的体制来指引市场经济运作，但是在理论上，市场将会透过产品和服务的供给和需求产生复杂的相互作用，进而达成自我组织的效果。市场经济的支持者通常主张，人们所追求的私利其实是一个社会最好的利益。

（二）中国特色社会主义的"市场决定性作用论"与中外新自由主义的"市场决定性作用论"

第一，新自由主义市场决定性作用论主张市场原教旨主义和唯市场化，而中国特色社会主义"市场决定性作用论"应在保证市场在资源配置中应有的决定性作用的同时，也强调国家宏观调控和微观规制。

新自由主义的"市场决定性作用论"，主观臆断市场能够自发地完成一切资源的合理配置，当出现供求不平衡时，市场的自发力量就能很快使供求趋于平衡，所以，迄今为止凡是采用新自由主义市场决定论的国家，没有一个不产生严重的经济社会问题。

中国特色社会主义"市场决定性作用论"，首先要求市场在资源配置中起决定性作用，但同时也强调国家本观调控和微观规制并存。公有制经济为主体的社会主义大国，有必要也有可能在宏观调控中运用计划手段，指导国民经济有计划按比例发展。社会主义市场经济中国家宏观调控与市场调节之间的关系是，"国家的宏观调控和市场机制是社会主义市场经济体制条件下配置资源的两种手段，是相辅相成的，即国家宏观调控建立在市场机制基础之上，而市场则在国家宏观调控之下运行"。

中国特色社会主义"市场决定性作用论"主张微观调节或微观规制，不是采取计划经济体制中的微观管制，而是为了保证市场健康发展，保证微观经济主体能够采取符合国家经济发展战略和符合全社会福利的经济行为。国家的宏观调控不能取代微观规制，因为宏观调控"不是为了解决微观层次上的市场失灵问题，而是为了解决宏观层次上的市场不稳定性问题，至于微观层次上的市场失灵，则要求政府采取相应的微观经济政策"。微观规制存在的必要性在于：单纯依赖宏观经济调控，能够起到指挥市场配置资源方向的作用，但是在某些领域并不能保证市场更为合理地配置。

第二，新自由主义"市场决定性作用论"主张一切资源的长短期配置均由市场决定，而中国特色社会主义"市场决定性作用论"应限于一般物质资源和部分服务资源的短期配置，而非指地下资源等重要物质资源配置和许多一般资源的长期配置。

我国既是社会主义国家，同时也是发展中国家，要想保持经济数十年的持续快速发展，要实现跨越式发展目标，国家必须要在某些高新技术领域进行提前投资，投资的高风险性、收益的长期性导致只能由国家来承担。我国经济快速发展需要基础设施投入先行，并且要保证基础设施公益性的特点，也只能采取主要依赖于国家投入的方式。诚然，在国家调节的同时，不仅要充分发挥市场在微观经济领域的重要作用，而且要发挥市场在宏观经济领域的必要作用，因为宏观经济领域也不只是单纯的国家调节。

第三，新自由主义"市场决定性作用论"主张市场在文化、教育、医疗等某些非物质资源配置领域起决定作用，而中国特色社会主义"市场决定性作用论"只主张需要引进适合这些领域的市场机制，而非大多数都由市场决定。新自由主义的"市场决定性作用论"，要求政府只承担"守夜人"的职能，对于众多关乎社会发展、人民福利的文化、教育、医疗领域，也要坚持主要依赖市场配置资源的方式。

二、市场在资源配置中发挥决定性作用的主要表现

紧紧围绕使市场在资源配置中起决定性作用深化经济体制改革，坚持和完善基本经济制度，加快完善现代市场体系、宏观调控体系、开放型经济体系，加快转变经济发展方式，加快建设创新型国家，推动经济更有效率、更加公平地可持续发展。经济体制改革是全面深化改革的重点，核心问题是处理好政府和市场的关系，使市场在资源配置中起决定性作用和更好地发挥政府作用。这是公告提出的一个重大理论观点，释放出改革方向的新信号。

（一）坚持市场化改革方向

过去提"市场是配置资源的基础性作用"，而现在是"决定性作用"，这是一个巨大的飞跃，具有重大的历史意义。对市场作用提法的升级，凸显了中

央坚持市场化改革方向的决心，打消了一些人对中国未来发展改革方面的疑虑，预计未来经济体制改革将有一系列新的重大突破。这意味着政府会进一步向市场放权，向社会放权，主动、有意识地逐步退出市场，减少非市场干预，加快政府职能转变。

计划机制和市场机制是资源配置的两种方式，改革开放之前，高度集中的计划经济体制配置资源的效率是极低的，实践证明也是失败的，改革开放以来，市场机制在资源配置中的作用越来越凸显，但长期的计划经济体制还留有深远影响，在资源配置中仍起到主导作用。这就表明在资源配置中市场机制的作用进一步增强，资源配置要由市场机制而不是计划机制决定，市场机制的资源配置效率要远远高于计划机制。

（二）核心问题是处理市场和政府的关系

过去我们的改革，出现了一些问题，概括起来就是两个方面：一方面是有些领域的改革应该以市场为主体，比如资源价格和利率市场化等问题，一直没有放开；而另一个方面的问题是有些领域的改革应该由政府为主体，比如说与百姓相关的医疗、社会保障以及生态环境等民生问题，但政府实际是缺位的。所以"使市场在资源配置中起决定性作用和更好发挥政府作用"是改革的两个方面，不仅要突出市场的作用，同时加强政府宏观调控的能力，才会形成更加有活力的市场机制。一方面市场能管的政府，出市场自行解决，另一方面在公共服务领域，要更好地发挥政府作用，进一步厘清政府权责边界，使政府更好地履行公共服务、市场监管、社会管理等职责。

在经济生活领域，我们要实行市场主导下政府的有效作用，而不是政府主导下市场的有限作用，这将更大激发市场活力、更能理顺政府市场关系。所以无论从市场发展的规律，还是现实生活来看，简政放权的政府职能转变是激发经济活力最关键、最重要、最基础的一个问题。

（三）发挥"市场形成价格"作用

市场在配置资源中的决定性作用，本质上就是要发挥"市场形成价格"的作用。如果我们不能够充分发挥市场的决定性作用，价格信号不强，资源配置就会受到各方面的干扰。对建立公平开放透明的市场准入制度、完善主要由市场决定价格的机制、完善税收制度、深化教育领域综合改革、建立更加公平可持续的社会保障制度等关系国计民生的诸多领域进行全面深化改革，做出战略部署。这些改革举措在未来将会对中国的发展和人民生活水平的进一步提升产生重大影响。在市场各要素的价格形成中，最重要的也是其他要素的价格形成的基础，就是资本价格的形成，而利率市场化就是资本价格市场形成的体现。

除了利率的市场化，我国资源品的价格也是长期扭曲的。为了赢得出口时的价格优势，我国的资源品定价普遍低于市场价格，造成我国资源的利用效率极低和成本极大、利润率极低和代价极大的扭曲局面，不利于我国由粗放式发展方式向集约式发展方式转变，所以资源品的价格要由市场决定。完善主要由市场决定价格的机制，推进水、石油、天然气、电力、交通、电信等领域价格改革，放开竞争性环节价格。政府定价范围主要限定在重要公用事业、公益性服务、网络型自然垄断环节，提高定价透明度，接受社会监督。完善农产品价格形成机制，注重发挥市场形成价格作用。所以在接下来的改革中，要重点完善主要由市场形成价格机制的改革，建立现代化市场体系。

（四）建立现代市场体系

要使市场在资源配置中发挥决定性作用，就必须建立现代市场体系。现代市场体系的基本特征是统一开放竞争有序，本质上就是要求生产要素能自由流动，不能像过去那样，有区域限制、行业限制、部门限制，市场是被分割的，而不是统一的，且市场准入方面，民营企业和国有企业也是不公平的，市场并不是完全开放的，许多行业和领域都存在国有企业垄断的现象，不利于生产要素的自由流动，也就达不到资源的最优配置，竞争的有序开展。要毫不动摇地坚持和发展公有制经济，毫不动摇地鼓励、支持、引导非公有制经济的发展。

发挥市场在资源配置中的决定性作用的同时，我们也要更好地发挥政府作用。科学的宏观调控，有效的政府治理，是发挥社会主义市场经济体制优势的内在要求，政府的职责和作用主要是保持宏观经济稳定，加强和优化公共服务，保障公平竞争，加强市场监管，维护市场秩序，推动可持续发展，促进共同富裕，弥补市场失灵。

发挥市场在资源配置中的决定性作用，就必须更好地发挥政府作用。要解决收入分配、教育、社会保障、医疗、住房、生态环境、食品药品安全、安全生产等关系群众切身利益的问题，就要坚持发挥我国社会主义制度的优越性，发挥政府的积极作用，进一步坚持和完善市场经济制度。

制度是行为的规则，决定着一切经济发展活动和各种经济关系展开的框架。因此，建立有效的制度来支持市场发生作用，是现代经济发展的一个核心问题。有效率的制度从哪里来？政府是制度界定的主体，是整个经济领域最基础性的结构。公有制经济和非公有制经济都是社会主义市场经济的重要组成部分，都是我国经济社会发展的重要基础；在产权的保护上强调，"公有制经济财产权不可侵犯，非公有制经济财产权同样不可侵犯"；在政策的待遇上指出，"国家保护各种所有制经济产权和合法利益，保证各种所有制经济依法平等使用生产要素、公开公平公正参与市场竞争、同等受到法律保护，依法监管各种所有制经济"。在更好发挥政府作用的条件下建立起效率较高的市场经济制度，可以激励劳动者创造出更多的财富，可以让一切劳动、知识、技术、管理、资本的活力竞相迸发，让一切创造社会财富的源泉充分涌流，让发展成果更多更公平地惠及全体人民。

经济、政治、文化、社会、生态文明各领域改革和党的建设改革紧密联系、相互交融，任何一个领域的改革都会牵动其他领域，同时也需要其他领域改革密切配合。如果各领域改革不配套，各方面改革措施相互牵扯，全面深化改革就很难加快推进，即使勉强推进，效果也会大打折扣。

面对新形势新任务，我们必须坚持正确处理改革发展稳定关系，胆子要大、步子要稳，加强顶层设计和摸着石头过河相结合，整体推进和重点突破相互促进，以经济体制改革为重点全面深化改革。唯有如此，我国发展面临的一系列突出矛盾和问题才能得到有效解决，中国特色社会主义制度自我完善和自我发展才能得到根本实现。

第二节 大数据在市场经济中的作用

一、大数据在市场经济中的作用

（一）数据是市场经济主体联系的媒介

现代经济发展是在市场经济的调控下，企业掌握市场规律，按照市场发展做事，一定能促进企业和互联网技术的快速发展。互联网技术应用到企业发展过程中，数据就成为市场经济主体联系的媒介，在以市场经济为主体的调控下发展经济，促进企业快速发展，必须依靠现代科技。科技水平是企业快速发展的主要方式，也为企业的发展提供了技术支持。大数据技术能为企业的发展提供可靠的数据分析，在市场经济调控下，能对市场进行科学的判断，及时掌握市场发展动态。

（二）大数据影响市场主体的经济利益

企业要发展必须遵循市场规律，根据市场需要，生产人们需要的产品，提高人们的购买力，增加企业利润。企业在大数据时代想要获知客户群体十分简便，大数据能够让企业获知客户的基因，为企业提供针对客户的个性化建议，与消费者建立紧密的联系。通过社交媒体数据、网络分析或其他数据可以让企业了解每一位客户。在大数据时代，企业利用大数据技术进行科学分析，能及时掌握市场动态，根据人们的需求，科学生产，增加企业利润，促进企业发展。

（三）大数据在市场监管中的作用

市场使经济发展起到调控作用，企业要发展必须根据市场规律，科学合理生产。通过大数据平台构建全方位、多层次的市场监管体系，需要把握大数据（全面、综合、关联）的特点，并且以覆盖社会各类经济主体信用信息监管平台作为基础。大数据技术的应用对市场起到监管作用，通过大数据分析软件，可以科学地进行市场需求分析。企业根据需求分析报告，可以遵循市场规律进行生产，这是企业发展的关键因素，也是企业可持续发展的基本保障。

（四）大数据在经济决策中的作用

根据市场经济的运行要求，政府部门对国民经济宏观管理已从直接调控转向运用多种经济手段的间接调控，经济运行的动态性日益增强。这就决定了市场经济宏观管理部门使用的数据信息是准确的、及时的和全面的，特别是在转变经济发展方式中，经济发展的集约化，必须依靠数据信息来促进科学管理和科技进步，提高管理水平，从而提高经济效益。市场信息是否及时、准确地反映经济活动的具体运行状况，决定了经济集约化的经营管理水平的高低。信息化程度越高，国家宏观管理水平就越高，宏观决策就越科学，市场经济活动就会呈现有序性和规范性。因此，信息化在客观上就成为国家宏观管理和科学决策的一个重要因素。

二、传统宏观市场经济调查方法

（一）宏观经济指标

宏观经济指标是反映过去、现在和未来一段时间或者某一时间点的宏观经济情况的数据，常用的数据有国民生产总值、国内生产总值、通货膨胀、通货紧缩、国际收支、投资指标、失业率和经济增长率等。宏观经济指标对国家进行宏观经济调控政策的制定起着至关重要的分析和参考作用。

（二）传统经济指标调查弊端

在中华人民共和国成立以来很长的一段时间里，调查这些宏观经济指标，从而来观察和预测宏观经济的发展趋势，往往会采用抽样调查和全面普查的方法，而这两种方法都有各自的优缺点。

抽样调查就是在某个地区或者需要调查的每个区域采集一定的具有代表性的样本，通过对样本的调查、统计和分析来获得自己想要的结果。这种方法往往可以较快获得想要的数据，并且耗费的资源量不大，如失业率等数据就是通过这种方法得到的。但是这种方法有着克服不了的缺陷，那就是必须要保证样本完全可以代表总体，不然的话必然会或多或少地丧失一定的准确性。

全面普查，也就是通过对全部样本的统计来获得数据的方法，虽然可以保证数据的准确性，但是耗时比较长，有时无法充分满足及时性的需要，而且耗费资源量大。

因此可以看出，传统的经济指标调查方法中的抽样调查法和全面普查法虽然有各自不可代替的优势，但同样存在着先天无法克服的缺陷，在如今这个信息化高速发展的时代已无法完全满足人们对信息的及时性和准确性的需求，这也给国家根据相关宏观指标信息来制定调控政策带来了很大的困难。

三、大数据在宏观市场经济中的应用

（一）大数据对于宏观经济环境的改变

近些年来，大数据技术在社会各行业都已成为推动经济增长和占领技术高地的新动力，深刻地改变了宏观经济环境，受到了各行业人士的高度重视。我国大数据产业目前正处于初步的探索阶段，但其在社会认知、政策环境、市场规模、产业支撑能力等方面都取得了十分积极的进展，为大数据技术的全面发展创造了一个良好的环境。

在如今信息爆炸的 21 世纪，大数据通过对数据的全面收集和快速处理的能力，已经开始在宏观经济的监测和预测中发挥着十分重要的作用。人们往往可以通过对看似并无关联的信息的分析得到想要的结果，例如一公司通过对不同人坐姿的调查，发明出通过坐姿来识别主人的汽车防盗系统等。

（二）大数据分析宏观经济指标的作用

大数据技术的巨大潜力可以应用于很多方面，为我国国民经济的发展带来巨大的优势，相比于传统的统计方法有很大的优势，因为在传统分析方法的基础上，很难做到对于如此庞大的数据量进行快速及有效地分析，往往会出现信息滞后及精准度较差的问题，而大数据技术在很大程度上克服了这些缺陷，它通过网络的途径将各地、各行业的数据快速送至其中枢，快速对数据进行全面分析，从而保证了信息的及时性和可靠性。

随着电子商务、网络金融的飞速发展和社交网络的普及，在网上可以搜集到的信息越来越全面，同时信息量也随之数倍增加，通过大数据技术一系列算法和程序的加工，便可以得到我们最想要的信息分析结果，从而来得到期望的宏观市场经济数据，这也必将越来越受到各行业的青睐。这种技术的优势在于不但可以更加节省成本，而且比过去通过传统的方法所得到的经济指标更加准确和及时，提高了数据价值的同时也为我们的生活增添了更多的便利。

四、大数据在我国应用的现状

二十一世纪以来，大数据在我国宏观经济市场的运用从无到有。在很多情况下一些专家在分析宏观市场的局势和未来的形势变化时，就往往会用大数据技术进行分析。比如经济学者们在评价我国企业的整体发展趋势时，往往会用到企业发展工商指数，利用先行指标的变化来预测未来的经济局势。这对于中国市场经济未来的发展有着良好的促进作用。

五、大数据在宏观市场经济分析的一些建议

根据以上的分析，针对大数据技术在我国宏观市场经济分析中的应用现状，我们可以看出，完善和发展大数据技术对于我国宏观市场经济的发展有着十分重要的作用。因此，为了推进大数据技术在我国宏观经济领域得到更好的应用，我们应该在多方面支持与鼓励其发展，挖掘更多的信息源，开发更加完善的数据分析系统，发展一条具有中国特色的大数据技术创新道路，向世界先进水平看齐，把我国的大数据技术做大做强，使其更好地为社会主义市场经济服务。与此同时，在建设大数据技术的过程中可以提出以下几点建议：

（一）加强政府对大数据技术的扶持力度

大数据技术是决定未来经济发展的一个重要驱动力，政府应重视其对于国民经济发展的重要性，在各相关方面尽早地加大扶持力度。为此，政府应该出台更多鼓励和引导大数据技术开发和完善的政策法规，重视相关人员上报的大数据技术的有关项目，开辟绿色通道优先办理，在快速论证可行性后加大对相关项目的扶持力度，以此提高行业相关人才的从业热情，引导社会高尖端人才从事大数据开发与建设，从而加快大数据技术的发展。

（二）创建更好的平台

信息的安全问题和清洗难度，是阻碍国内大数据发展的一个不容忽视的问题，说到底就是技术问题与产业结构调整的问题；因此，需要更好的平台来提供完整与准确的经济市场信息，保证信息的安全性和可靠性。在这方面，政府

相关部门、行业协会和行业龙头企业可以共同牵头，在尽快促成国家出台相应更加完善的政策法规的同时，联合起来开发大数据平台，实现共赢，并积极营造一个良好的网络技术环境，从而来保证平台的健康快速发展。

（三）构建更加科学实用的数据模型

思路决定出路，眼光决定成败。如何面对迎面而来的大数据时代，是我们应该冷静思考的一个问题。在目前的宏观经济市场环境下，大数据技术逐渐促使经济主体意识到数据信息的重要性，在未来，要想让市场经济得到健康快速的发展，离不开大数据技术的支撑。与此同时，客观地认识和运用大数据技术，不夸大其作用，也不减小其优势，是准确认识和发挥大数据技术的前提所在。

与大数据技术先进的西方国家相比，我国在该领域的技术储备与发展水平都略显单薄，缺少相关完善的政策法规和良好的市场资源整合。大数据技术的完善和发展不是一朝一夕的事情，应该从中国的实际出发，一步一个脚印，稳健地发展，因此，不仅需要政府的努力，也需要企业和相关人才的共同努力。而最终，大数据技术必将在我国的宏观经济分析领域取得更多的成果，为推进我国社会主义市场经济的发展发挥举足轻重的作用。

第三节 大数据下市场经济发展的转型与升级

一、大数据为市场经济带来的机遇

（一）大数据为科学决策和管理提供依据和服务

现在企业都利用大数据技术进行科学合理的分析市场规律，对企业的管理与决策提供可靠的依据；基于大数据的分析、预估与优化，将应对社会和企业挑战的解决方案的运用从被动变为主动。企业与客户之间联系的纽带是数据，企业根据用户需求的数据，对产品进行改进，满足用户需要；客户对企业生产的产品参数进行比较，选择合适的产品。大数据技术能为企业生产与服务提供准确的判断，促使企业及时掌握市场规律，满足用户需求，增加企业利润，促进企业发展。

（二）大数据提升经济质量、优化经济结构

在新型经济的影响下，科技水平不断创新，大数据技术的应用，可以提升经济质量，优化经济结构，促进企业转型与升级。互联网和电子商务领域是新兴行业，也是大数据应用的主要领域。互联网和电子商务企业建立了基于大数据相关性分析的推荐系统。推荐系统分析的维度是多样的，可以根据客户喜好为其推荐相关产品，也可根据社交网络进行推荐。

总之，大数据技术在市场经济发展中的应用，对企业的发展起到促进作用。企业在市场经济的调控下，利用大数据技术可以对市场发展进行监控，有效地调节企业的生产，及时根据客户的需求，对产品进行改进，以满足用户的需求。大数据技术的运行，可以及时掌控市场发展规律，对企业的改进起到重要作用。

（三）大数据为科学决策和管理提供依据和服务

大数据已成为全球商业界一项很高的战略任务，因为它能够对全球整合经济时代的商务产生深远的影响。大数据在各行各业都有应用，如金融、零售、医疗、制造等行业。基于大数据的分析、预估与优化，将应对社会和企业挑战的解决方案的运用从被动变为主动。无论是宏观经济管理还是微观经济管理都必须克服盲目性，增强预见性，把握规律性。就宏观调控而言，如果没有巨大数据库支撑的动态经济指标预测系统，那就难免出现盲目性，甚至被利益集团控制。就经营管理而言，如果不及时掌握大量真实的动态的市场信息，就会盲目投资、盲目生产，不能掌握市场行情，难以抓住转瞬即逝的机遇。由此可见，只有从大数据中获得资讯，进行深入的分析研究，才能保证管理事半功倍。

大数据在客户和企业之间流动，挖掘这些数据能够让客户参与到产品的需求分析和产品设计中，为产品创新做出贡献。例如：福特福克斯电动车在驾驶和停车时产生大量数据，在行驶时，司机持续地更新车辆的加速度、刹车、电池充电和位置信息。这对于司机很有用，但数据也传回工程师那里，以了解客户的驾驶习惯，包括如何、何时及何处充电，即使车辆处于静止状态，它也会持续将车辆的胎压和电池系统的数据传送给最近的智能电话。这些以客户为中心的大数据实现了新型的协作方式。工程师汇总关于驾驶行为的信息，以了解客户，制定产品改进计划，并实施产品创新。电力公司和其他第三方供应商也

可以分析驾驶数据，以决定在何处建立新的充电站，以及如何防止脆弱的电网超负荷运转。

（四）大数据提升经济质量，优化经济结构

世界经济正在重组，中国经济和企业要实现有质量的持续增长，需要更多依靠包括云计算、业务分析洞察、移动互联、社交在内的科技创新驱动。未来的创新要通过跨行业的开放融合以及系统整合的方式实现，要走向各行各业的实际应用。随着新一代信息科技产业的发展，信息资源成为现代经济增长的重要力量：其一，信息资源的开发利用，就是加强技术研究开发的创新，提高设计水平和工艺水平，加快共性技术、关键技术和配套技术的开发，增强工业产品的品种，改进质量，提高工业产品开发和深加工的能力，促进信息产品和传统产品的融合，增加产品的附加值。其二，信息资源的开发利用，实际上就是利用信息技术改造和提高传统产业，加速工业化进程，带动产业结构化升级。改造传统产业的主要目的在于将信息技术为核心的现代高新技术推广到各个企业，提高传统部门的技术化、知识化与信息化水平，以降低企业运行成本，适应不断变化的市场需求结构，提高企业的市场竞争力。信息技术的高度渗透性、创造性、增值性和竞争性为传统产业的改造和提升创造了广阔的空间。信息技术的应用，在以往的生产体系中强化了智能系统的作用，使传统产业改造的手段主要以信息技术为主。改造工业装备，优化产业结构，促进工业产品的升级换代，进而带动整个工业的自动化、智能化水平。将现代信息技术、现代制造技术、现代管理技术和现代营销手段相结合，应用于企业的开发、－生产、销售和服务的全过程。通过信息集成、过程优化及资源的高效配置，实现物流、信息流和价值的集成和优化，将极大地加快企业市场化和信息化进程，促使产业升级。

从用户的行为分析中，可以获得用户偏好，如通过微博分析用户，获悉用户在每天的四个时间点最为活跃：早起去上班的路上、午饭时间、晚饭时间、睡觉前。掌握了用户的这些行为，企业就可以在对应的时间段做某些针对性的内容投放和推广等。电子商务网站，通过对用户消费行为产生的数据进行分析，可以量化很多指标，如转化率、客单价、购买频率、平均毛利率、用户满意度等，

从而为产品客户群定位或市场细分提供科学依据：

二、适应大数据时代要求的经济发展对策

大数据作为新一代信息技术产业，其标准和产业格局尚未形成，这是我国实现跨越发展的宝贵机会。首先，政府应该制定大数据产业规划，把大数据产业放到工业化、信息化、城镇化、农业现代化"四化"之中考虑和谋划，并出台相应的扶持政策和具体措施。其次，加大科研投入，加快基础软件开发，增强独立自主开发基础软件的能力，力争在解决数据存储、分析、检索等问题的软件产品开发上取得自主地位。其三，创新企业模式，力促产业升级。积极推动大数据应用与电子商务、电子银行、远程诊疗、服务网络、社交网络及云计算的融合，并加大商业模式的创新力度，使大数据转变为互联网时代新一轮的生产力，助推我国的产业转型与升级。其四，大力培养创新型人才，以适应和推动大数据的开发利用。总之，大数据一方面为经济升级提供策略支持，另一方面又为经济升级提供战略途径。看到这一点，抓住这一点，经济就如虎添翼，强势驱动。

市场经济的发展以大数据系统的指引为基础，能最大限度地规避风险，增强发展的安全性与长远性。在市场经济发展中，市场主体的数量不断增多，相互之间的界限出现融合，且社会发展水平也存在差异，管理与评价标准也不断发生变化。通过对市场经济发展的调查与研究，大数据系统才能实现对市场经济的完善，科学规划成本与效益机制，规范管理制度，提升系统性价比，完善评价机制。通过这种互动机制，形成发达的经济主体系统，提升企业的综合竞争力，为企业创造保障系数高、经济收益高的发展条件。因此，市场经济的发展，需要大数据系统的指引、管理与评价。

第五章 农业经济的升级

第一节 休闲农业的基本内涵

一、休闲农业的概念

休闲农业也称观光农业、旅游农业，是以农业资源、田园景观、农业生产、农耕文化、农业设施、农业科技、农业生态、农家生活和农村风情风貌为资源条件，为城市游客提供观光、休闲、体验、教育、娱乐等多种服务的农业经营活动。

从农村产业层面来看，休闲农业是农业和旅游业相结合、第一产业（农业）和第三产业（旅游及服务业）相结合的新型产业，也是具有生产、生活、生态"三生"一体多功能的现代农业。

从时空特点来看，休闲农业具有时间上的季节性，注重布局上的绿色生态性，重视资源整合和城乡关系的协调性。

二、休闲农业的功能

（一）休闲性

休闲性是指依某些作物或养殖动物，构成多种具有观光、休闲和娱乐性产品，供人们欣赏和休闲。在不同类型观光农业区设计修建娱乐宫、游乐中心、表演场；在树林中设吊床、秋千；在海滨滩涂区踩文蛤、跳迪斯科舞；在水塘垂钓、抓鱼、套鸭子；在草原区设跑马场，开展骑马、赛马等娱乐活动。

（二）观赏性

观赏性是指具有观光休闲功能的种植业、林业、牧业、渔业、副业和生态农业。观光农业的品种繁多，特别是那些千姿百态的农作物、林草和花木，对城市居民是奇趣无穷。这种观奇活动，使游人获得绿色植物形、色、味等多种美感。

从农业本身看它是人工产物，如各种农作物、人工林、养殖动物等，它们既需人工培育，同时又要靠大气、光热、降水等自然条件完成其生长周期，整个环境又属于田园旷野，因此观光农业具有浓厚的大自然意趣和丰富的观赏性。

（三）参与性

让游人参与农业生产活动，让其在农业生产实践中，学习农业生产技术，体验农业生产的乐趣，比如对其有趣的观光农业项目，让游人模仿和学习，如嫁接、割胶、挖薯、摘果、捕捞、挤奶、放牧、植稻、种菜等，还可以开展当一天农民的活动，游客可以直接参与农业生产的过程，从而了解农业生产，增长农业生产技术知识。

（四）文化性

观光休闲农业主要是为那些不了解、不熟悉农业和农村的城市人服务的，因此观光农业的目标市场在城市，观光休闲农业经营者必须认识这种市场定位的特点，研究城市旅游客源市场及其对观光休闲农业功能的要求，有针对性地按季节特点开设观光休闲旅游项目。如体验种植活动在春季，采摘农业果实在秋季，森林疗养在夏季，狩猎在冬季。这样可以利用季节，定位市场，扩大游客来源。

三、休闲农业的类型

休闲农业发展受资源环境、区位交通、市场需要、农业基础、投资实力等多方面的影响，呈现出多元化、多层次、多类型的发展态势。

（一）按区域位置分

1.城市郊区型

一般农业基础较好，生态环境好，农业特色突出，市场需求大，交通便利，发展休闲农业条件优越。

2.景区周边型

一般靠近旅游景区，农业产品丰富，农村环境好，农民经营意识强，有利于休闲农业发展。

3.风情村寨型

一般具有民族民俗风情，地域特色鲜明，农村土特产品丰富，可吸引游客体验民俗文化，参与农业生产活动。

4.基地带动型

农业种养基地，特色农产品基地，农业科技园区等，可以让游客采摘、品尝农产品，参与农业活动，购买农产品。

5.资源带动型

农业资源有森林、湖泊、草原、湿地等，可以发展森林休闲、渔业休闲、牧业休闲、生态休闲等休闲旅游业。

（二）按产业分

1.休闲种植业

休闲种植业指具有观光休闲功能的现代化种植业。休闲种植业利用现代农业技术，开发具有较高观赏价值的作物品种园地，或利用现代化农业栽培手段，向游客展示最新成果。如引进优质蔬菜、绿色食品、高产瓜果、观赏花卉作物，组建多姿多趣的农业观光园、自摘水果园、农俗园、农果品尝中心。

2.休闲林业

休闲林业指具有观光休闲功能的人工林场、天然林地、林果园、绿色造型公园等。开发利用人工森林与自然森林所具有的多种旅游功能和观光价值，为游客观光、野营、探险、避暑、科考、森林浴等提供空间场所。

3.休闲牧业

休闲牧业指具有观光休闲性的牧场、养殖场、狩猎场、森林动物园等，为游人提供观光、休闲和参与牧业生活的风趣和乐趣。如奶牛观光、草原放牧、马场比赛、猎场狩猎等各项活动。

4.休闲渔业

休闲渔业指利用滩涂、湖面、水库、池塘等水体，开展具有观光、休闲、参与功能的旅游项目，如参观捕鱼、驾驶渔船、水中垂钓、品尝水鲜、参与捕捞活动等，还可能让游人养殖技术。

5. 休闲副业

休闲副业包括与农业相关的具有特色的工艺品及其加工制作过程，都可作为观光副业项目进行开发。如利用竹子、麦秸、玉米叶等编织多种美术工艺品；南方利用椰子壳制作、兼有实用和纪念用途的茶具、云南利用棕榈编织的小人、脸谱及玩具等，可能让游人观看艺人的精湛手艺或组织游人自己参加编织活动。

6. 观光休闲生态农业

建立农林牧渔综合利用土地的生态模式，强化生产过程的生态性、趣味性、艺术性，生产丰富多彩的绿色保健食品。为了给游人提供观赏和休闲的良好生产环境和场所，发展林果粮间作、农林牧结合、桑基鱼塘等农业生态景观、如广东珠江三角洲形成的桑、鱼、蔗互相结合的生态农业景观。

（三）按功能分

1. 观光农园

利用花园、果园、茶园、药园和菜园等，为游客提供观光、采摘、拔菜、赏花、购物及参与生产等活动，享受田园乐趣。

2. 休闲农园

利用农业优美环境、田园景观、农业生产、农耕文化、农家生活等，为游客提供欣赏田园风光、休闲度假，参与体验生态及文化等活动。

3. 科技农园

以现代农业生产为主，发展设施农业、生态农业、水耕栽培、农技博物馆等项目，为游客提供观光、休闲、学习、体验等活动。

4. 生态农园

以农业生态保护为目的兼具教育功能而发展的休闲农业经营形态，如生态农园、有机农园、绿色农园等，为游客提供生态休闲、生态教育、生态餐饮等活动。

5. 休闲渔园

利用水面资源发展水产养殖，为游客提供垂钓、观赏、餐饮等活动。

6. 市民农园

农民将土地分成若干小块（一般以一分地为宜），将这些小块地出租给城里市民，根据市民要求，由农业园人员负责经营管理，节假日城里人去参与农业生产活动。

7. 农业公园

利用农业环境和主导农业，营造农业景观，设立农业功能区，为游客提供观光、游览、休闲、娱乐等活动。

四、发展休闲农业的意义

发展休闲农业是发展现代农业、增加农民收入、建设社会主义新农村的重要举措，是促进城乡居民消费升级、发展新经济、培育新动能的必然选择。发展休闲农业具有以下三方面的意义。①可以充分开发利用农村旅游资源，调整和优化农业结构，拓宽农业功能，延长农业产业链，发展农村旅游服务业，农村剩余劳动力转移和就业，增加农民收入，为新农村建设创造较好的经济基础。②可以促进城乡统筹，增加城乡之间互动，城里游客把现代化城市的政治、经济、文化、意识等信息辐射到农村，使农民不用外出就能接受现代化意识观念和生活习俗，提高农民素质。③可以挖掘、保护和传承农村文化，并且进一步发展和提升农村文化，形成新的文明乡风。

第二节　休闲农业的产生和发展

一、国外休闲农业的产生和发展

自 19 世纪 60 年代休闲农业出现起，至今已有 140 余年的发展历程。休闲农业的发展过程可大致归纳为三个阶段，即萌芽阶段、发展阶段和扩展阶段。

（一）萌芽阶段

萌芽阶段即开始出现观光农业旅游活动，但只是城市居民到乡村去欣赏自然风光。

19 世纪初，农业蕴含的观光旅游价值逐步显现出来。19 世纪 30 年代，由于城市化进程加快，人口急剧增加，为了缓解都市生活的压力，人们渴望到农村享受暂时的悠闲与宁静，体验乡村生活，于是农业旅游在欧洲大陆兴起。

1865 年，意大利"农业与旅游全国协会"的成立标志着休闲农业的产生。当时的协会介绍城市居民到乡村去体味农野间的趣味，他们与农民一起吃饭，一同劳作，搭建帐篷野营，或直接在农民家中留宿。

（二）发展阶段

发展阶段具有观光职能的专类农园开始出现，逐步替代仅对大田景观的观赏。

20 世纪 50 年代后，世界各国工业化和城市化进程加快，城市人口的高度集中、交通拥堵、环境的污染，加之日益激烈的工作竞争，都使得人们倍感疲倦。而乡村环境所形成的森林、郊野、农场等资源恰好满足了人们对于放松身心的渴望，于是，具有观光职能的农园开始大量涌现。农园内的活动以观光为主，结合游、食、住、购等多种方式，同时还产生了相应的专职服务人员，这标志着休闲农业打破传统农业的束缚，成为与旅游业相结合的新型交叉型产业。

（三）扩展阶段

扩展阶段即参与性、现代化的旅游模式替代传统型、静态、休憩模式。

20 世纪 80 年代后，更多地参与实践，亲身体验农事活动的乐趣成为越来越多旅客的需求，于是广泛参与性的多元化、特色化休闲项目被广泛开发并推广，逐步替代了传统的旅游方式。

二、我国休闲农业的产生和发展

我国休闲农业兴起于改革开放以后，开始是以观光为主的参观性农业旅游。1990 年代以后，开始发展观光与休闲相结合的休闲农业旅游。进入 21 世纪，观光、休闲农业有了较快的发展。具体发展阶段如下。

（一）早期兴起阶段（1980～1990 年）

该阶段处于改革开放初期，靠近城市和景区的少数农村根据当地特有的旅游资源，自发地开展了形式多样的农业观光旅游，举办荔枝节、桃花节、西瓜节等农业节庆活动，吸引城市游客前来观光旅游，增加农民收入。如广东深圳市举办了荔枝节活动，吸引城里人前来观光旅游，并借此举办招商引资洽谈会，收到了良好效果。河北涞水县野三坡景区依托当地特有的自然资源，针对京津唐游客市场推出"观农家景、吃农家饭、住农家屋"等多项旅游活动，有力地带动了当地农民脱贫致富。

（二）初期发展阶段（1990～2000年）

该阶段正处在我国由计划经济向市场经济转变的时期，随着我国城市化发展和居民经济收入提高，消费结构开始改变，在解决温饱之后，有了观光、休闲、旅游的新要求。同时，农村产业结构需要优化调整，农民增收提到日程。在这样背景下，靠近大、中城市郊区的一些农村和农户利用当地特有农业资源环境和特色农产品，开办了观光为主的观光休闲农业园，开展采摘、钓鱼、种菜、野餐等多种旅游活动。比如观光休闲农业园区，吸引了大批城市居民前来观光旅游，体验农业生产和农家生活，欣赏和感悟大自然，很受欢迎和青睐。

（三）规范经营阶段（2000年至今）

该阶段处于我国人民生活由温饱型全面向小康型转变的阶段，人们的休闲旅游需求开始强烈，而且呈现出多样化的趋势：1. 更加注重亲身的体验和参与，很多"体验旅游""生态旅游"的项目融入农业旅游项目之中，极大地丰富了农业旅游产品的内容。2. 更加注重绿色消费，农业旅游项目的开发也逐渐与绿色、环保、健康、科技等主题紧密结合。3. 更加注重文化内涵和科技知识性，农耕文化和农业科技性的旅游项目开始融入观光休闲农业园区。4. 政府积极关注和支持，组织编制发展规划，制定评定标准和管理条例，使休闲农业园区开始走向规范化管理，保证了休闲农业健康发展。5. 休闲农业的功能由单一的观光功能开始拓宽为观光、休闲、娱乐、度假、体验、学习、健康等综合功能。

第三节 休闲农业的发展模式

一、田园农业旅游模式

（一）田园农业旅游模式的含义

田园农业旅游模式是指以农村田园景观、农业生产活动和特色农产品为旅游吸引物，开发农业游、林果游、花卉游、渔业游、牧业游等不同特色的主题旅游活动，满足游客体验农业、回归自然的心理需求。

（二）田园农业旅游模式的主要类型

1. 田园农业游

以大田农业为重点，开发欣赏田园风光、观看农业生产活动、品尝和购置绿色食品、学习农业技术知识等旅游活动，以达到了解和体验农业的目的。

2. 园林观光游

以果林和园林为重点，开发采摘、观景、赏花、踏青、购置果品等旅游活动，让游客观看绿色景观，亲近美好自然。

3. 农业科技游

以现代农业科技园区为重点，开发观看园区高新农业技术和品种、温室大棚内设施农业和生态农业，使游客增长现代农业知识。

4. 务农体验游

通过参加农业生产活动，与农民同吃、同住、同劳动，让游客接触实际的农业生产、农耕文化和特殊的乡土气息。

二、民俗风情旅游模式

（一）民俗风情旅游模式的含义

民俗风情旅游模式是以农村风土人情、民俗文化为旅游吸引物，充分突出农耕文化、乡土文化和民俗文化特色，开发农耕展示、民间技艺、时令民俗、节庆活动、民间歌舞等旅游活动，增加乡村旅游的文化内涵。

（二）民俗风情旅游模式的主要类型

1. 农耕文化游

利用农耕技艺、农耕用具、农耕节气、农产品加工活动等，开展农业文化旅游。

2. 民俗文化游

利用居住民俗、服饰民俗、饮食民俗、礼仪民俗、节令民俗、游艺民俗等，开展民俗文化游。

3.乡土文化游

利用民俗歌舞、民间技艺、民间戏剧、民间表演等，开展乡土文化游。

4.民族文化游

利用民族风俗、民族习惯、民族村落、民族歌舞、民族节日、民族宗教等，开展民族文化游。

三、农家乐旅游模式

（一）农家乐旅游模式的含义

农家乐旅游模式是指农民利用自家庭院、自己生产的农产品及周围的田园风光、自然景点，以低廉的价格吸引游客前来吃、住、玩、游、娱、购等旅游活动。

（二）农家乐旅游模式的主要类型

1.农业观光农家乐

利用田园农业生产及农家生活等，吸引游客前来观光、休闲和体验。

2.民俗文化农家乐

利用当地民俗文化，吸引游客前来观赏、娱乐、休闲。

3.民居型农家乐

利用当地古村落和民居住宅，吸引游客前来观光旅游。

4.休闲娱乐农家乐

以优美的环境、齐全的设施，舒适的服务，为游客提供吃、住、玩等旅游活动。

5.食宿接待农家乐

以舒适、卫生、安全的居住环境和可口的特色食品，吸引游客前来休闲旅游。

6.农事参与农家乐

以农业生产活动和农业工艺技术，吸引游客前来休闲旅游。

四、村落乡镇旅游模式

（一）村落乡镇旅游模式的含义

村落乡镇旅游模式是以古村镇宅院建筑和新农村格局为旅游吸引物，开发观光旅游。

（二）村落乡镇旅游模式的主要类型

1. 古民居和古宅院游

大多数是利用明、清两代村镇建筑来发展观光旅游。

2. 民族村寨游

利用民族特色的村寨发展观光旅游。

3. 古镇建筑游

利用古镇房屋建筑、民居、街道、店铺、古寺庙、园林来发展观光旅游。

4. 新村风貌游

利用现代农村建筑、民居庭院、街道格局、村庄绿化、工农企业来发展观光旅游。

五、休闲度假旅游模式

（一）休闲度假旅游模式的含义

休闲度假旅游模式是指依托自然优美的乡野风景、舒适怡人的清新气候、独特的地热温泉、环保生态的绿色空间，结合周围的田园景观和民俗文化，兴建一些休闲、娱乐设施，为游客提供休憩、度假、娱乐、餐饮、健身等服务。

（二）休闲度假旅游模式的主要类型

1. 休闲度假村

以山水、森林、温泉为依托，以齐全、高档的设施和优质的服务，为游客提供休闲、度假旅游。

2. 休闲农庄

以优越的自然环境、独特的田园景观、丰富的农业产品、优惠的餐饮和住宿，为游客提供休闲、观光旅游。

3. 乡村酒店

以餐饮、住宿为主，配合周围自然景观和人文景观，为游客提供休闲旅游。

六、科普教育旅游模式

（一）科普教育旅游模式的含义

科普教育旅游模式是利用农业观光园、农业科技生态园、农业产品展览馆、农业博览园或博物馆，为游客提供了解农业历史、学习农业技术、增长农业知识的旅游活动。

（二）科普教育旅游模式的主要类型

1. 农业科技教育基地

是在农业科研基地的基础上，利用科研设施作景点，以高新农业技术为教材，向农业工作者和中、小学生进行农业技术教育，形成集农业生产、科技示范、科研教育为一体的新型科教农业园。

2. 观光休闲教育农业园

利用当地农业园区的资源环境，现代农业设施、业经营活动、农业生产过程、优质农产品等，开展农业观光、参与体验，教育活动。

3. 少儿教育农业基地

利用当地农业种植、畜牧、饲养、农耕文化、农业技术等，让中、小学生参与休闲农业活动，接受农业技术知识的教育。

4. 农业博览园

利用当地农业技术、农业生产过程、农业产品、农业文化进行展示，让游客参观。

七、回归自然旅游模式

（一）回归自然旅游模式的含义

回归自然旅游模式是利用农村优美的自然景观、奇异的山水、绿色森林、静荡的湖水，发展观山、赏景、登山、森林浴、滑雪、滑水等旅游活动，让游客感悟大自然、亲近大自然、回归大自然。

（二）回归自然旅游模式的主要类型

1.森林公园

以大面积人工林或天然林为主体而建设的公园。森林公园是一个综合体，它具有建筑、疗养、林木经营等多种功能，同时，也是一种以保护为前提利用森林的多种功能，为人们提供各种形式的旅游服务的可进行科学文化活动的经营管理区域。

2.湿地公园

是指以水为主题的公园。以湿地良好生态环境和多样化湿地景观资源为基础，以湿地的科普宣教、湿地功能利用、弘扬湿地文化等为主题，并建有一定规模的旅游休闲设施，可供人们旅游观光、休闲娱乐的生态型主题公园。

3.水上乐园

水上乐园是一处大型旅游场地，是主题公园的其中一种，多数娱乐设施与水有关，属于娱乐性的人工旅游景点。有游泳池，人工冲浪，水上橡皮筏等。

4.露宿营地

露营地就是具有一定自然风光的，可供人们使用自备露营设施如帐篷、房车或营地租借的小木屋、移动别墅、房车等外出旅行短时间或长时间居住、生活，配有运动游乐设备并安排有娱乐活动、演出节目的具有公共服务设施，占有一定面枳，安全性有保障的娱乐休闲小型社区。

5.自然保护区

不管保护区的类型如何,其总体要求是以保护为主,在不影响保护的前提下，把科学研究、教育、生产和旅游等活动有机地结合起来，使它的生态、社会和经济效益都得到充分展示。

第四节 休闲农业与乡村旅游的资源

一、休闲农业与乡村旅游资源概述

（一）休闲农业与乡村旅游资源含义

休闲农业与乡村旅游资源是指在一定时期、地点、条件下能够产生经济、社会和文化价值，能为休闲农业旅游开发和经营所利用，为开展休闲农业旅游活动提供基础来源的各种物质和文化吸引物的总称。休闲农业与乡村旅游资源是休闲农业与乡村旅游赖以发展的基础，只有掌握和理解休闲农业与乡村旅游资源相关知识，才能对休闲农业与乡村旅游资源进行合理的开发。

（二）休闲农业与乡村旅游资源的特征

1. 生产性、休闲性

休闲农业资源既具有可供人类生产和加工农产品的特征，又具有供人类休闲的特点，如鱼类资源可供人类养殖生产和加工鱼类食品，也可供人们垂钓休闲、果园果树种植，为人类提供水果食品，同时形成了生态景观，供人们观光休闲。

2. 社会性

农业自然资源在人类尚未开发和利用之前，属于自然属性，当人类利用，投入生产过程后，就具有社会经济属性，农业资源中的农业社会资源包括社会、经济和科学技术因素，可以用于农业和休闲农业，因此休闲农业资源本身就具有社会经济的属性。

3. 整体性

各种休闲农业资源相互间联系，相互制约，形成统一整体，如休闲自然资源形成的某一景观，当某些自然要素受到破坏时，则这一景观也就受破坏了。在一定的气候、土壤的影响下，长期形成森林植被和群落，一旦森林被滥砍伐后，就会引起气候变化、水土流失和生命群落的变化。休闲农业资源具有多种功能，多种用途和多种适应性。如林木这一重要的资源既可以提供木材，又可以保持水土，防风固沙，更可以利用观赏休闲。

4.不可逆转性

休闲农业自然资源和农业自然资源一样，资源消耗是不可逆转的，过度消耗会造成资源的退化、消失，且不可再生。

5.可变性

休闲农业自然资源和休闲农业社会资源的发展具有可变性，资源在数量上虽然有限，但是发展的潜力是无限的，如农作物品种的选育，创造出新的品种；农业生态环境的建造；农业资金的积累等，都是资源进一步发展的表现。

6.地域性

由于各个地区的气候、水热条件的不同，和各地经济、社会、科技基础不一样，因此休闲农业资源具有较明显的地域差别。

二、休闲农业与乡村旅游资源的内容

休闲农业资源区别于传统旅游资源，农业生产资源、农民生活资源和农村生态资源是其主要组成部分。休闲农业资源呈现出多样性、季节性、地域性、审美性以及综合性的特点，其范围比传统农业资源范围更加广泛，基于资源性质的休闲农业资源可分为自然资源、生物资源、人文资源和现代科技资源等四大类。

（一）自然资源

休闲农业园的开发必须建立在优越的自然条件基础上，所处区域的自然资源条件在一定程度上确立了休闲农业企业的开发类型和方向。休闲农业企业可利用本地特有的自然资源，进行资源开发。吸引游客。休闲农业自然资源按照其表现形式不同，一般分为地理位置、气候、水文、地貌、土壤、植被等。

1.气候

气候包括气温、降水等条件，它所影响的生物类型和分布在一定程度上决定休闲农业的景观及其季节更替。对于休闲农业企业来讲，其所在区域的气候条件直接对它的农业资源产生影响。

2. 地理位置

对于休闲农业企业来讲，自然地理位置非常重要，它能很好地向人们展示出企业所在地区所具有的独特要素。

3. 地貌

地貌因素决定了休闲农业园地表形态，从而影响到休闲农业园的可进入性、项目的立地条件和景观的丰富程度。

4. 水文

水文因素对休闲农业园影响表现在两个方面：一是影响开发地生物的生长和分布，另一方面它决定了园区生活用水的质量和数量。

5. 植被

植被就是覆盖地表的植物群落的总称。植被在土壤形成上有重要作用。在不同的气候条件下，各种植被类型与土壤类型间也呈现出密切的关系。植物是通过光合作用将无机物转化为有机物、独立生活的一类自养型生物。在自然界中，目前已经被人们知道的植物大约有40万种，它们遍布于地球的各个角落，以各种奇特的方式自己养活着自己。绝大多数植物可以进行光合作用，合成有机物，贮存能量并放出氧气。

6. 土壤

土壤状况一方面影响生物的生长，另一方面为休闲农业园的各类设施提供立地条件。中国土壤资源丰富、类型繁多，由南到北、由东向西虽然具有水平地带性分布规律，但北方的土壤类型在南方山地却往往也会出现。

（二）生物资源

生物资源是指可用于或有助于农业生产的生物资源。主要包括农作物资源、林木资源、畜禽品种资源、水产生物资源、蚕业资源、野生动植物资源、微生物资源等。

1. 农作物资源

农作物资源主要有粮、油、糖、烟、薯、菜、果、药、杂，可归纳为粮食作物、油料作物、经济作物、园艺作物等类别。

（1）油料作物

油料作物是以榨取油脂为主要用途的一类作物。主要有大豆、花生、芝麻、向日葵、油菜、棉籽、M麻、苏子、油用亚麻和大麻等。

（2）粮食作物

粮食作物亦可称食用作物，其产品含有淀粉、蛋白质、脂肪及维生素等。主要包括：谷类作物、薯类作物、豆类作物等栽培粮食作物。它不仅为人类提供食粮和某些副食品，以维持生命的需要，而且为食品工业提供原料，为畜牧业提供精饲料和大部分粗饲料。粮食生产是多数国家农业的基础。

（3）园艺作物

园艺作物一般指以较小规模进行集约栽培的具有较高经济价值的作物。园艺作物包含果树、蔬菜、花卉三大类经济作物群。

（4）经济作物

经济作物又称技术作物、工业原料作物。指具有某种特定经济用途的农作物。经济作物通常具有地域性强、经济价值高、技术要求高、商品率高等特点，对自然条件要求较严格，宜于集中进行专门化生产。按其用途分为：纤维作物、糖料作物、饮料作物、嗜好作物、药用作物、热带作物等。

2.畜禽资源

近年来，我国畜牧业取得长足发展，肉类、禽蛋产量连续多年稳居世界第一，畜牧业产值约占农业总产值的比重达36%。畜牧业发展对于保障畜产品有效供给、促进农民增收做出了重要贡献。

3.林木资源

我国的林木资源主要分为商品林和公益林。

（1）商品林

商品林包括人工培育的用材林、薪炭林和经济林。人工用材林是指人工培育的以生产木材为主要目的的森林和树木，包括人工播种（含飞机播种和人工播种）、植苗、扦插造林形成的森林、林木以及森林和林木采伐后萌生形成的森林和林木。

（2）公益林

公益林是指生态区位重要，对国土生态安全、生物多样性保护和经济社会可持续发展具有重要作用，以提供森林生态和社会服务产品为主要经营目的防护林和特种用途林。包括水源涵养林、水土保持林、防风固沙林和护岸林、自然保护区的森林和国防林等。简言之，公益林就是以发挥生态效益为主的防护林、特种用途林。

4. 蚕业资源

蚕业资源是农业的一个组成部分。经营范围包括桑树栽培、蚕种繁育、养蚕、蚕苗干燥和贮藏以及蚕茧、蚕种销售等。作为中国传统农村家庭手工业的蚕业一般还兼行缫丝、织绸。一般以桑蚕为主要饲养对象，还放养柞蚕，生产柞蚕茧丝。中国的蚕茧、蚕丝产量均居世界首位。

5. 水产生物资源

（1）淡水水产生物

根据水产部门的资料，中国内陆水域共有鱼类795种。东部地区的水系种类较多，如珠江水系有鱼类381种，长江水系约有370种（其中，纯淡水鱼类294种，洄游性鱼类9种），黄河水系有191种，东北黑龙江水系有175种，但西部地区鱼类稀少。在内陆水域中，其他水生生物，如贝、蟹等软体动物和甲壳动物的物种丰富度也较高。其中包含大量有经济价值、被广泛利用的种类。

（2）海洋水产生物

中国海洋生物资源丰富，海洋水域有记录的海洋生物种类多达20278个物种。其中，水产生物：鱼类3032种；蟹类734种；类546种；各种软体动物共2557种（含贝类2456种，头足类101种）。此外还有各种大型经济海藻790种，各种海产哺乳动物29种。如此众多的生物种类说明了中国海洋水产生物资源的丰富和多样性。

6. 野生动植物资源

野生动植物资源是指一切对人类生产和生活有用的野生动植物的总和，包括食用性资源、工业性资源、生态保护性资源、种植性资源等。野生动植物资源具有很高的价值，它不仅为人类提供许多生产和生活资源，提供科学研究的依据和培育新品种的种源，而且是维持生态平衡的重要组成部分。

（1）野生植物

野生植物是指原生地天然生长的植物。我国野生植物种类非常丰富，拥有高等植物达3万多种，居世界第3位，其中，特有植物种类繁多，17 000余种，如银杉、银杏、百山祖冷杉、香果树等均为我国特有的珍稀濒危野生植物。我国有药用植物11 000余种，又拥有大量的作物野生种群及其近缘种，是世界上栽培作物的重要起源中心之一，也是世界上著名的花卉之母。野生植物是重要的自然资源和环境要素，对于维持生态平衡和发展经济具有重要作用。

（2）野生动物

野生动物是指生存于自然状态下，非人工驯养的各种哺乳动物、鸟类、爬行动物、两栖动物、鱼类、软体动物、昆虫及其他动物。它分为濒危野生动物、有益野生动物、经济野生动物和有害野生动物四种。

全世界有794多种野生动物，由于缺少应有的环境保护而濒临灭绝。每种野生动物都有它们天然的栖息环境，保证着它们的生息繁衍。如果这种栖息环境遭到破坏，动物的自然存续就面临危机，即使没有人捕食，也难以生存。保护野生动物，归根结底还是要保护它们的栖息地。

7. 人文资源

人们在休闲农业园中游玩时，不仅是为了休验农业生产活动，而且希望能够体验到当地的人文环境和风俗习惯。在休闲农业园区景观开发和活动设计时，应当充分挖掘当地的人文资源进行包装打造，使其成为休闲农业园区吸引游客的亮点。

（1）农耕活动

耕作是配合植物生理、气候环境、经验法则等一系列周期性、技巧性的行为。不同的农作物耕种活动有不同的重点，但大致来说，传统的农耕活动包括春耕、夏耘、秋收、冬藏等。

（2）传统农具

农具是进行农业生产所使用的工具。农具的演进过程记录了劳动人民经验的累积。传统的农具一方面可以用作休闲农园内的装饰布置，提高园区内的乡土气息，另一方面也可以作为市民体验农耕、学习农耕的道具，提高体验的真实性与完整性，还可以作为文化知识展览，旁边附上详解图，供游人参观了解。

（3）民俗风情

①待客食俗

待客食俗在我国乡村有丰富的花样。如在北方农村，有"留碗底"之俗，即客人餐毕，碗中若留有剩余食物，则表示对主人的大不敬。在湖南湘西一带，有"泡炒米茶"之俗，即接待客人时首先要上一碗炒米茶，以示为客人接风洗尘。从这些待客食俗中，休闲农业开发者都可以发现餐饮开发的商机。

②节令食俗

春节食俗。春节的时候，汉族把最好的肉类、菜类、果类、点心类用以宴宾客。少数民族过年也很有特色：如彝族吃"坨坨肉"，喝"转转酒"，并赠送客人以示慷慨大方。

元宵食俗。元宵的食、饮大多都以"团圆"为旨，有圆子、汤圆等。由于各地风俗不同，如东北在元宵节爱吃冻鱼肉，广东的元宵节喜欢"偷"摘生菜，拌以糕饼煮食以求吉祥。

清明食俗。公历4月5日前后的清明节，主题为"寒食"与扫墓。清明吃寒食，不动烟火，吃冷菜、冷粥。

中元节食俗。每年农历七月十五日，是佛、道两教祭祀亡灵的节日。

中秋节食俗。中秋节不仅吃月饼，还吃藕品、香芋、柚子、花生、螃蟹等。

重阳节食俗。重阳节的食物大多都以奉献老人为主，吃花生糕、螃蟹，有些地方还吃羊肉和狗肉。

冬至节食俗。喝米酒、吃长生面、饺子。

腊八节食俗。吃腊八粥。

灶王节食俗。北京一般包饺子，南方打年糕准备年货。除夕食俗。北方必有饺子，有古语"年年饺子年年顺"。

8. 现代科技资源

（1）现代农业新技术

现代农业新技术主要指适应农业发展方式需要所采用的技术集成，如发展生态循环农业中所采用的农业废弃物无害化处理、资源化利用技术、立体种养技术；发展节本高效农业采用的省工免耕技术等。

（2）农业新品种

开发新品种就是为了克服老品种的缺点和不足或者顺应市场新的需求，使作物或者牧畜在产量、品质、抗性等方面得到改善，从而获得更高的生产力和更好的经济效益。人们常说，一粒种子，可以改变世界。种子是最基本的农业生产资料，是人类赖以生存和发展的基础。社会文明程度越高，对种子的要求也就越高。品种的水平，体现了人类文明的程度，也是人类文明的象征。就我国而言，20世纪80年代前，农业生产的核心是解决人民的温饱问题，对品种的首位要求是高产。进入80年代后，人民的温饱问题得到了根本解决，选育的品种开始向高产优质方向发展。90年代末，随着市场经济机制的导入，品种的优质开始提到了首位，品质好的品种，名、特、优品种，开始走俏市场。进入21世纪，尤其是我国加入世贸组织后，日趋激烈的市场竞争，对农产品提出了更高的要求，农业开始向外向型绿色农业、兼用型方向发展。

①通过名、特、优、新品种实现多样化市场经济。主产品大需求，小产品也能做出大市场。我们在抓好粮、棉、油、畜、禽等主要品种更新的同时，要注意抓好特色果、菜、瓜等经济产业的开发利用，以适应城乡人民生活的多种需求。

②品种布局区域化，形成规模经济。形不成规模，即形不成市场，有了一定的规模，才能形成稳定的客户群，才能形成产、加、销一体化生产格局。

③用途多样化，形成特色产业经济。由于市场需求的多样化，育种目标相应地也需由市场导向，因而品种也应多样化或专用化，如碟形瓜的培育。碟形瓜学名玉黄西葫芦，是菜瓜的一个新品种，果皮果肉均为黄色，因其外形似月牙形花边的碟子，故得名碟形瓜。碟形瓜既可食用，又可观赏，其抗性强，品质优良，口感脆嫩，主要供应观光园区种植和高档宾馆饭店消费，深受消费者的喜爱。

三、休闲农业与乡村旅游资源的禀赋

休闲农业与乡村旅游资源正成为新的投资亮点，那么什么样的资源才是最重要的、最关键的、最符合未来发展需要的？主要包括以下几方面。

（一）优美的生态环境

乡村甘甜洁净的水、绿色的树、蓝蓝的天、清新的空气、安静的环境、森林小气候以及农家美食，无一不令人向往。试想一下，在彩灯迷离的城市，想要看看皎洁的月光都难了，更不用说夏夜起舞的萤火虫，村前老树下的篝火与游戏，很多美好的记忆正与我们渐行渐远。忙里偷闲到乡村，一畦青菜、一架葡萄、一池锦鲤、一盏清茶、一把躺椅，看庭前花开花落，天边云卷云舒，这样的视觉享受，瞬间便可消融一切身心的疲惫。

（二）体验式劳动演绎成众乐乐

劳动，不仅光荣，还产生美与快乐，以及丰收的喜悦。且看辛弃疾的《清平乐·村居》："茅檐低小，溪上青青草。醉里吴音相媚好，白发谁家翁媪。大儿锄豆溪东，中儿正织鸡笼；最喜小儿亡赖，溪头卧剥莲蓬。"寥寥数语就将一幅乡村恬美的画面展现在今人的面前，这个生活画面与场景放在今天，就可称之为休闲农业与乡村旅游资源。

乡村传统劳作是乡村人文景观中精彩的一笔，如草鞋编织、石臼舂米、摘新茶、采菱藕、水车灌溉、驴马拉磨、老牛碾谷、做豆腐、赶鸭子、放牛羊等等，充满了生活气息，令人陶醉，让走出樊笼的现代人放飞心灵。

独乐乐不如众乐乐，很多游客都乐于呼朋唤友一起去体验这些传统的劳作，既锻炼了身体，还愉悦了身鉴

（三）探索自然成为教育的补充

旅游实际上是人与自然对话的过程。自然科学是一门宏大的学科，它包罗了天文学、生物学、自然地理学、地质学、生态学、物理学、农学等各种科学，任何在城市里找不到答案的东西都可以在乡村的自然界中获得，比如在城里，你知道写犁字，但你不一定知道犁是什么样；在乡村，在自然里，也许不知道犁字怎么写，但知道犁是什么样。

尽管我们追求的是既知道犁是什么样，也要知道犁字怎么写，也即文明和自然的结合达到基本的认知，进一步明白很多道理的话，就相当于格物致知。

因此，很多学校经常会组织学生去乡村学习、考察。学生通过在乡村的各种体验，丰富了对大自然及农耕文明的认识，增强了环境意识和团队意识，提高了处理人际关系的能力，锻炼了自身的意志力及掌握野外生存的技能。

（四）闲适野趣的生活成为追求

休闲农业与乡村旅游的兴起，是道法自然的思想回归，是农耕文化的再次觉醒。近来发现很多网友的签名都在追求乡村生活情趣，如："手把青秧插满田，低头便是水中天；身心清静方为道，退步原来是向前"表现的是一种禅意。"黄梅时节家家雨，青草池塘处处蛙。有约不来过夜半，闲敲棋子落灯花"体现的是闲适与淡然。哪怕是比较直白的"种田南山下，悠然采菊花；夏卖桃杏李，秋收红地瓜"也充满诗意栖居的理想。

（五）新的业态正引爆行业发展

从目前的发展情况来看，许多传统的商业模式与服务业态将与休闲农业结合起来，比如养生公寓、仓储式超市、乡村美容院、乡村酒吧、国际青年旅舍、企事业单位后勤基地、企业培训基地、高端幼儿园、非物质文化传承保护中心、高端社区业主庄园、乡村婚纱摄影基地、影视文化拍摄基地、市民假日大学、大学生创业实践基地、农民创业园、格子农庄、宠物训导中心、民间收藏展示中心、国防教育训练基地、公益社团活动基地等，这些新的业态加快了休闲农业与乡村旅游资源的整合力度。

（六）现有的发展类型可资比照

依据区位优势、资源禀赋、历史文化背景等条件，我国休闲农业发展总体布局分为四类区域，即大中城市和名胜景区周边，依山傍水逐草自然生态区，少数民族地区和传统特色农区。以上地区发展休闲农业与乡村旅游具有相对的优势，具体到单个的休闲农业庄园，又可以分为以下类型：

产业形态上包括休闲农业、休闲渔业、休闲牧场、休闲林场、休闲果园、休闲茶园、农业产业化龙头企业展示体验基地和国有企事业单位后勤保障基地等；地域分布上包括都市创意体验型、郊野休闲度假型、旅游景区依托型、农业园区配套型、新农村建设示范型、民族村寨文化传承型、山区林下综合开发型、湖区湿地保护利用型、矿区综合治理恢复型和老区产业扶贫带动型等；发展模式上包括大众休闲游乐型、高端养生度假型、区域支柱产业延伸型、专项主题文化深度开发型、特定客源市场对接型、社区支持农业订单型、农民合作组织捆绑型和品牌农庄连锁型等。

这些模式与类型，都是建立在一定资源基础之上的，我们谈休闲农业与乡村旅游资源禀赋、评价及其开发，离不开对上述发展类型与模式的研究，到具体的项目规划与建设，也需要对典型案例进行分析与借鉴。

参考文献

[1] 陈莉, 张纪平. 现代经济管理与商业模式 [M]. 哈尔滨: 哈尔滨出版社, 2020.07.

[2] 刘兆鹏, 何瑞强. 现代经济数学理论及应用探究 [M]. 成都: 电子科学技术大学出版社, 2020.08.

[3] 王凯风. 现代经济管理学新视野研究丛书经济不平等与宏观稳定化政策基于 DSGE 的理论与实证研究 [M]. 武汉: 武汉大学出版社, 2020.12.

[4] 李济琛. 民营经济与中国现代化 [M]. 北京: 华文出版社, 2020.06.

[5] 祝合良. 现代商业经济学第 5 版 [M]. 北京: 首都经济贸易大学出版社, 2020.11.

[6] 李雪莲, 李虹贤. 现代农村经济管理概论 [M]. 昆明: 云南大学出版社, 2020.

[7] 厉以宁. 股份制与现代市场经济 [M]. 北京: 商务印书馆, 2020.

[8] 马德斌. 中国经济史的大分流与现代化 [M]. 杭州: 浙江大学出版社, 2020.04.

[9] 康芳, 马婧. 现代管理创新与企业经济发展 [M]. 吉林出版集团股份有限公司, 2020.05.

[10] 麦文桢, 陈高峰. 现代企业经济管理及信息化发展路径研究 [M]. 中国财富出版社, 2020.08.

[11] 焦豫. 现代会展经济理论及其商业创新应用研究 [M]. 长春: 吉林出版集团有限责任公司, 2020.03.

[12] 洪银兴. 经济运行的均衡与非均衡分析 [M]. 上海: 格致出版社, 2020.05.

[13] 王浦劬. 国家治理现代化研究 [M]. 北京: 中国社会科学出版社, 2020.07.

[14] 李淑清，贾祥桐．现代经济转型与市场发展研究 [M]．北京：经济日报出版社，2019.05.

[15] 李琳，邬娟．现代经济与管理类规划教材新编基础会计学第 4 版 [M]．北京：北京交通大学出版社，2019.05.

[16] 李节．马克思经济学的现代系统范式 [M]．中央编译出版社，2019.01.

[17] 廖飞，黄志强．现代农业生产经营 [M]．石家庄：河北科学技术出版社，2019.03.

[18] 孙尚清，蔡中杰．论经济结构对策 [M]．北京：知识产权出版社，2019.06.

[19] 张建华．发展经济学 [M]．武汉：华中科技大学出版社，2019.08.

[20] 吴光华．微观经济学基础 [M]．武汉：华中科技大学出版社，2019.05.

[21] 刘华勇．经济监督 [M]．长春：吉林人民出版社，2019.05.

[22] 高煜．现代经济学理论与方法创新论坛 11[M]．北京：中国经济出版社，2018.04.

[23] 林兆木．建设现代化经济体系 [M]．北京：中国言实出版社，2018.04.

[24] 刘向东．从量变到质变中国经济的现代化理路 [M]．北京：中国经济出版社，2018.12.

[25] 叶学平，傅智能．新时代中国现代化经济体系建设 [M]．武汉：武汉大学出版社，2018.04.

[26] 王喆．新经济环境下现代企业战略管理研究 [M]．北京：中国商业出版社，2018.05.

[27] 王昌学．当代中国经济刑法研究：以改革开放、现代化与强国富民为视野 [M]．西安：陕西人民出版社，2018.08.

[28] 彭俞超．论现代市场经济中的金融资本基于金融部门资本收益率的分析 [M]．北京：中国金融出版社，2018.08.

[29] 黄利秀，张华忠．产业经济学 [M]．西安：西安电子科技大学出版社，2018.02.

[30] 迟福林．建设现代化经济体系 [M]．北京：中国工人出版社，2017.11.

[31] 于建春．现代国际经济与贸易发展趋势研究 [M]．长春：吉林文史出版社，2017.06.

[32] 李亚伟．现代资本主义经济中的利润率 [M]．成都：四川大学出版社，2017.12.

[33] 孙杰光，高同彪．现代服务业发展概论 [M]．北京：中国金融出版社，2017.12.

[34] 张宗庆，吴利华．现代经济学教程 [M]．南京：东南大学出版社，2016.12.

[35] 邓达，张弛．现代经济学导读与案例 [M]．北京：中国政法大学出版社，2016.09.